30 fiches pour réussir les examens et concours

Éditions d'Organisation
Groupe Eyrolles
61, bd Saint-Germain
75240 Paris cedex 05

www.editions-organisation.com
www.editions-eyrolles.com

Marie Berchoud
Dominique Demont
Jean-François Guédon

30 fiches pour réussir les examens et concours

SOMMAIRE

PARTIE 3 – VALORISEZ VOS PERFORMANCES : LES CLÉS DE LA RÉUSSITE

ANNEXES

Les clés de la réussite

La réussite… est-ce gagner au loto, gagner Roland Garros ou le Mondial de football, gagner beaucoup d'argent, être admissible puis admis à tel examen, tel concours ? Vous le voyez, cet éventail de formules oscille entre rêve et réalité.

Or, pour se mettre en état de réussir, il faut apprendre à se confronter à ses rêves, et à la réalité qui est la sienne : les deux sont liés, non ? Puisqu'ils sont à vous…

Les clés de la réussite ne viennent pas de nulle part, on ne les trouve pas au grattage, ni au tirage, on ne peut même pas les voler ou les emprunter… *elles se fabriquent* et c'est tout le propos de ce petit ouvrage que vous co-écrirez, car il est le vôtre.

Quant à la chance, mieux vaut ne compter dessus que comme petit « plus », une fois que l'on est bien préparé à gagner.
Réussir, donc, c'est gagner.

Trois questions se profilent alors, pour le premier test d'auto-évaluation auquel nous vous invitons :

- gagner quoi ?
- gagner parce que… ?
- gagner pour quoi faire ?

Une bonne idée serait de vous les poser tout de suite, de fermer (temporairement) le livre pour formuler mentalement vos réponses (il peut y en avoir plusieurs), puis de choisir *votre* réponse, celle que vous préférez, celle qui vous représente et qui reflète votre état d'esprit présent, celle qui peut être écrite (ci-dessous).

Vous pourrez ensuite regarder les réponses ci-dessous, cocher celles qui vous vont bien, et enfin voir les commentaires.

Test : gagner

1. Gagner quoi ?

- ☐ Un emploi
- ☐ Un diplôme
- ☐ L'entrée dans une école
- ☐ Mon indépendance
- ☐ Un salaire à la fin du mois
- ☐ La paix et la sécurité
- ☐ Un job qui m'intéresse
- ☐ Le droit de vivre comme je veux
- ☐ ....

2. Gagner parce que… ?

- ☐ Je veux arrêter d'hésiter
- ☐ Je n'ai plus envie de faire des études
- ☐ Je veux un diplôme dans ce domaine
- ☐ Je veux arrêter d'être stagiaire (ou vacataire)
- ☐ Je veux faire ces études
- ☐ ....

3. Gagner pour quoi faire ?

- ☐ Je veux avoir mon appartement
- ☐ Je veux vivre avec mon ami(e)
- ☐ Je veux que ma carrière soit variée
- ☐ Je veux avoir du temps libre
- ☐ Je veux gagner de l'argent
- ☐ Je veux pouvoir évoluer dans ma carrière
- ☐ Je veux un métier qui me permette de m'exprimer
- ☐ ....

1. Gagner quoi ?

Il est utile de *hiérarchiser vos choix* : placez en tête de vos choix ce que vous voulez par-dessus tout, avant tout le reste ; et n'oubliez pas que dans une vie, on peut changer d'avis, donc de voie.

Cela fait, voyez quels sacrifices (argent, déplacement, solitude éventuelle…) vous êtes prêt(e) à faire pour atteindre ce but-là.

2. Gagner parce que… ?

Essayez de formuler positivement les motivations négatives (« parce que… ne… pas… »). En effet, une motivation négative ne dit que la moitié des désirs de son auteur.

Pour parvenir à une formulation positive, vous devez répondre à ces questions :
– si on n'hésite plus, on choisit ! Avez-vous envie de le faire tout de suite ? Si ce n'est pas le cas, choisissez une issue laissant des possibilités de réorientation ;
– si on ne fait plus d'études, on travaille. Qu'est-ce qui vous est ouvert avec votre niveau et vos compétences réelles ? Posez-vous la question, par exemple en allant voir un conseiller d'orientation-psychologue ;
– si on cesse d'être stagiaire, c'est pour faire quoi ? Comment ? Avec qui ? Et où ?

3. Gagner pour quoi faire ?

Temps, argent, il est rare d'avoir les deux en même temps – et en plus d'avoir le moral pour en profiter ! C'est la même chose pour s'exprimer et avoir un emploi varié : l'emploi répond à une utilité sociale et à une demande : si vous gagnez de l'argent, c'est parce que vous produisez quelque chose ou que vous rendez un service, ce n'est pas sur votre bonne mine (et c'est vrai même pour les stars !). Donc reconfigurez votre champ d'illusions, vos vrais désirs fleuriront mieux.

Bon à savoir

Réussir… Ce mot vient du latin, *via* l'italien, et est de la même famille que « issue », « exit ». Il a d'abord signifié « avoir pour résultat », que ce résultat soit bon ou mauvais, avant de se spécialiser dans le sens du résultat heureux, tel que nous le connaissons aujourd'hui.

Selon qui l'emploie, et quand, il pourrait être quasiment synonyme de trouver une issue, trouver une voie (d'accès, de sortie) ou sa voie, et même se révéler, re-naître. On met parfois beaucoup de cœur et de sens sous ce simple mot !

Son double sens ancien nous rappelle toutefois qu'il faut aussi échouer là pour réussir ici – et qu'il s'agit d'abord de trouver le bon chemin, le sien propre.

PARTIE 1

Culture et développement personnel : les chemins de la connaissance

Dans ces premières fiches, vous trouverez des éléments d'observation et d'évaluation pour :

> ➤ découvrir qui vous êtes, ce que vous voulez et ce que vous pouvez faire ;
> ➤ comprendre ce qui est attendu de vous en ces occasions ;
> ➤ vous donner les moyens de vous adapter ;
> ➤ commencer à développer vos compétences ;
> ➤ préparer votre entraînement personnel ;
> ➤ préparer votre auto-évaluation.

Notre objectif est de vous aider à développer et à *mieux utiliser toutes vos capacités* (déjà connues ou virtuelles). Et de vous inciter à toujours donner le meilleur de vous-même. À la fois le jour J, lors des examens et concours, dans toutes les circonstances essentielles de la vie active.

Et toujours avec un double objectif de culture et de développement personnel, au service de votre réussite professionnelle et sociale.

Ce livre est votre livre. À vous de vous l'approprier, comme si vous l'aviez écrit vous-même, de le compléter pour le mettre en œuvre. Vous allez pouvoir l'étudier à votre propre rythme, crayon en main, en remplissant un stock de fiches ou des cahiers personnels : l'implication personnelle est la première condition de l'efficacité.

Tout au long de ces pages, vous allez trouver des conseils, des exercices, des opérations pratiques à réaliser, des évaluations à effectuer. Dans un esprit de participation active.

Mieux encore que des connaissances, vous allez acquérir un savoir-faire qui vous permettra de progresser au quotidien.

Se poser la bonne question : qu'attend-on de moi ?

Vous devez chercher à développer vos qualités et à pallier vos défauts… transformez vos défauts en qualités !

Une timidité apparente peut ainsi se transformer en attitude d'écoute ou de réflexion attentive. Nous le montrerons au cours de cet ouvrage.

Qualités personnelles et professionnelles

Le tableau ci-après est là pour vous aider à réfléchir sur les *qualités requises* pour réussir sur le plan professionnel comme sur le plan scolaire et universitaire ; à revoir les bases de votre formation et leurs applications concrètes. La question est : *comment être soi-même… en mieux ?*

Parce qu'en fait, il s'agit de faire ses preuves, afin qu'un jury vous laisse passer, et mieux encore, qu'il vous juge digne d'intérêt et s'imagine que ce serait bien de travailler avec vous. Donc, sachez susciter cela, faites que le jury se dise : « Voilà une bonne recrue ! »

Cela ne signifie pas que vous devez tout savoir, avoir tout vu, tout fait… Cela signifie simplement que vous savez déjà des choses essentielles, que vous êtes capable de vous améliorer et que *vous en avez envie*, parce que *l'objectif* en vue duquel vous passez cet examen ou ce concours *vous intéresse, ou que vous avez su le rendre intéressant.*

Test : mes acquis de départ

Dans ce tableau, qu'est-ce qui est le plus difficile pour moi ?

Bien entendu, il n'est pas ici seulement question des matières scolaires, mais de tout ce que vous savez faire ; alors, cela peut venir de l'école et aussi de la vie.

Formation de base en français et culture générale	Formation (pré)-professionnelle	Qualités personnelles
Capacités de *lecture*, de *mémorisation* et de mise en relation avec la *culture générale* (histoire-géogaphie, relations internationales, arts, politique, langues, voyages…).	Compréhension *d'un thème, d'un problème* : – de son *domaine de référence* dans la réalité ; – des possibilités de solutions. Connaissance d'un métier, d'un secteur, d'une branche.	Bon *rapport avec la réalité* (jeux, films… et réalité) Sérieux, application, créativité. Capacité d'*effort* et de *concentration*. Capacité de *relaxation* (selon les moments).
Capacité de *rédaction* aisée, qu'elle soit libre ou plus contrainte (temps, formes d'écrits, sujets).	Capacité à résoudre un problème ou à proposer des *solutions*.	*Ouverture d'esprit* = capacité à sortir de son univers personnel (âge, milieu, choix…) pour comprendre d'autres milieux et d'autres univers.
Capacité à s'exprimer de façon fluide et précise à *l'oral* (testez-vous !) avec des personnes variées, à qui vous devrez expliquer, que vous devrez convaincre.	Langage précis et varié, capacité à l'employer justement, en s'adaptant aux personnes et aux situations.	Sens des *relations humaines* : – « je » ne suis pas tout seul ; – « je » n'ai pas toujours raison ; – « mon » univers n'est pas tout l'univers ; – ailleurs, à côté de moi, il y a des gens dignes d'intérêt ; – je pourrais travailler avec eux… et eux avec moi.

Compétence, adaptabilité, créativité…

Au cours d'un séminaire École/Entreprise à la Sorbonne, Michel Pébereau, PDG de la BNP, résumait ainsi les trois capacités essentielles qu'il demandait à ses recruteurs de repérer chez les candidats : *compétence, adaptabilité, créativité.*

Qu'est-ce que ces termes signifient pour vous maintenant ? Et comment les comprendre plus justement et concrètement ? Vous pouvez dès à présent (si ce n'est pas encore fait) ouvrir un cahier ou un blog dans lequel vous noterez vos mots quotidiens, vos émotions et réflexions.

Quand vous aurez fait un peu de chemin, quelques jours plus tard, essayez de vous mettre à la place d'un de vos professeurs, ou d'un parent exerçant des responsabilités, puis posez-vous la même question et répondez comme si vous étiez lui, ou elle : *compétence, adaptabilité, créativité – et pour toi c'est quoi ?*

Vous aurez alors un fichier dialogué ou un blog en stéréo, que vous pourrez démultiplier en l'ouvrant à d'autres, des gens comme vous… – et d'autres, pas comme vous – pour voir, comprendre, saisir, imaginer.

L'autre bonne question :
et moi, qu'est-ce que je veux ?

Cette fiche est le prolongement naturel du test que vous avez fait dans l'introduction de ce volume. En fait, il faudrait dire plus exactement : qu'est-ce que je veux *d'abord* ?

Pourquoi ? Parce que la vie comporte des étapes, et que telle chose qui nous semble vitale à un moment de notre vie, sera totalement effacée quelques années plus tard, vous verrez (croyez les auteurs ! Ils pourraient vous en raconter… mais ce qui compte, c'est votre histoire, votre vie).

Mots d'hier, mots d'aujourd'hui

« Qu'est-ce que je veux *d'abord* » ne signifie pas « qu'est-ce que je veux par-dessus tout ? »

À cette question, Balzac répondait dans ses Carnets, « *mes deux immenses désirs, être célèbre et être aimé.* »

Mais qui ne pourrait en dire autant ? ! Sauf que Balzac, il a fait, lui ; mais « être célèbre », après sa mort, cela ne lui sert plus beaucoup ; quant à « être aimé », il a connu pas mal de déboires, comme tout le monde.

Trouver sa voie

L'un de nos professeurs répétait souvent : « *Il faut trouver votre V.O.I.E.* »… et bien entendu il ajoutait : « *… et il faut savoir avancer !* »

C'était un de ses jeux de mots préférés… En effet, il regroupait sous ce sigle les quatre verbes : **V**ouloir, **O**rganiser, **I**nvestir, **É**valuer.

Vouloir

Vouloir, c'est exprimer une intention ou un désir que le face-à-face avec la réalité (les chois, les limites, les contraintes – vos données de base) transforme en volonté… ou vous amène à faire évoluer vers un autre objectif.

Vouloir, c'est à la fois se vouloir en progrès et vouloir des objectifs précis. C'est, bien entendu, d'abord *vouloir réussir*. C'est aussi apprendre à *identifier précisément ce que vous voulez*, c'est-à-dire formuler des *objectifs…*

- clairs ;
- inscrits dans le temps ;
- et qui vous correspondent.

Si vous voulez passer un concours d'entrée sélectif, il faut vous penser en termes de compétition, de réalisme, de connaissance du milieu. Nul n'est bon (ou mauvais) absolument, mais relativement à un ensemble composé d'un objectif, de conditions concrètes et d'un milieu professionnel.

Organiser

Organiser, c'est préparer son action, pour la réaliser dans les conditions les meilleures, avec le maximum d'efficacité. On organise son temps et son espace. On s'organise avec ses relations. Et, comme pour un voyage, on organise son parcours.

C'est d'abord *fixer des échéances réalistes*, à moyen et à long termes, pour combler ses manques, développer ses atouts : volume de travail à fournir ; niveau et caractéristiques des épreuves ; limites et atouts personnels ; ce qui est une mise à l'épreuve de sa décision.

C'est aussi *programmer :* d'abord des programmes annuels (« en combien de temps je peux parvenir à telle compétence, tel niveau de savoir ? »), puis des programmes plus précis (temps disponible par semaine, espace de calme pour travailler, choix des matières).

C'est enfin, bien entendu, s'efforcer au maximum de *les respecter.*

 *S'entraîner*

> Forgez-vous une *attitude mentale positive*, en trouvant de l'*intérêt* même dans ce qui est ardu, ou en en faisant *un jeu*, pour pouvoir *être régulier dans votre progression*.
>
> Une fois qu'on a découvert le bon chemin, on le sent, on est à son aise (même si, vu par les autres, c'est difficile). Il faut avancer avec confiance en soi. À cette fin, il faut *savoir investir*.

Investir

Investir, c'est employer du temps et des forces (ou, dans le domaine économique, des capitaux), avec un objectif déterminé (et notamment celui de réaliser un profit). Et y mettre *toute son énergie (votre vrai capital)* :

- libérer le potentiel qui est en vous, l'utiliser au mieux ;
- choisir les activités les plus rentables intellectuellement et les plus enrichissantes, donc celles qui représentent un véritable investissement, ou que vous pouvez transformer ainsi.

S'entraîner

> Pensez au jeu théâtral ou au slam pour apprendre à vous exprimer à l'oral et à l'écrit, pour enrichir votre vocabulaire, mieux vous connaître, gérer vos émotions, votre stress, votre créativité.

Évaluer

Évaluer, c'est porter un jugement objectif sur des capacités ou des connaissances, sur une action ou une œuvre, ou même sur une personne dans son travail ou dans sa vie.

Un regard distancié, un œil extérieur (et pourquoi pas l'aide d'autrui ?) sont très utiles :

- sur vos objectifs (cf. introduction) ;
- sur vos possibilités (idem) ;
- sur vos activités et sur les résultats obtenus (pas seulement les notes et bulletins scolaires et universitaires, mais toutes les tâches entreprises et leurs résultats, que ce soit en sport, art, relations humaines, etc.).

Test : ma VOIE

Ma VOIE, c'est moi : alors, comment la voyez-vous cette voie ?

Vouloir, Organiser, Investir, Évaluer… comment ?

Pour commencer, parlons concrètement de quelque chose que vous avez essayé pour atteindre un but : traversée en bateau, marche et (ou) varappe en montagne, traversée de ville à pied, en skate ou en roller, virée en voiture, voyage, autre (à écrire)…

- ☐ Facile ?
- ☐ Difficile ?
- ☐ Quel intérêt ?
- ☐ Quelles sensations ?
- ☐ Et cette expérience, qu'est-ce qu'elle change pour vous ?
- ☐ Comment pouvez-vous communiquer ce que vous avez appris, et ressenti ?

Le moyen choisi (récit, film, BD, photos commentées…) sera votre mode d'expression majeur. C'est bien de le savoir… et de se dire qu'on peut se perfectionner aussi dans les autres moyens.

Corrigé ▪▪▪

Se connaître pour mieux être, mieux faire, mieux agir… et réussir

Il y a *l'image* que l'on a de soi, l'image que les autres ont de vous – et ça dépend quels « autres » : ceux qui vous ressemblent ou les « vrais » autres ? Ce n'est pas pareil…

Il y a aussi l'image de ce qu'on voudrait être (à vous d'écrire) :

....

....

Test : mon image

Quels sont vos trois adjectifs préférés pour parler de vous. De façon sponta-
née, notez-les :

☐ ....

☐ ....

☐ ....

Pour nous, après débat et vote, ces trois mots sont : *subtil, adaptable, valorisant* et *valorisé*. Oui, il y a quatre mots ; ce n'est pas qu'on ait triché, mais il nous a semblé que les deux derniers n'en faisaient qu'un : *valeur*, car on est forcément valorisant quand on est mis en valeur (valo-risé), et vice versa.

Et vous ? Pourquoi vos choix ? Répondre à cette question, c'est déjà vous connaître ; et la poser autour de vous, c'est progresser… car nul ne vit tout seul. Et c'est bien de s'habituer à parler à des gens divers.

Choisissez la photo de vous que vous préférez et celle que vous n'aimez pas du tout : pourquoi ne l'aimez-vous pas ? Essayez de le comprendre et de vous le dire.

Test : mes « plus », mes « moins »

Prenez le temps de réfléchir à ce que sont vos « plus » et vos « moins » : une même caractéristique de personnalité, de goût, peut être tantôt positive, tantôt négative, selon la façon dont on fait avec elle dans les situations concrètes : se vexer facilement est un « moins »… sauf si cela vous pousse à vous dépasser et à améliorer vos performances.

Voici quelques exemples…

	+	−
Personnalité	Je suis tenace si je suis motivé(e).	Sinon, pas du tout.
Éducation	Je suis capable de parler avec des gens de tous les âges.	Je me vexe facilement.
Environnement, relations	Je suis très fidèle en amitié.	Je ne me sens pas sûr(e) de moi dans des milieux inconnus.
Goûts et dégoûts	Je suis insatiable dans les domaines qui m'intéressent.	Mes goûts sont tranchés : quand je n'aime pas, je n'aime vraiment pas !
Agir	Je sais travailler longtemps si j'ai un but.	Je ne sais pas me forcer.

Et maintenant, c'est à vous !

	+	−
Personnalité		
Éducation		
Environnement, relations		
Goûts et dégoûts		
Agir		

Maintenant que vous avez rempli ce tableau, et avec l'aide des tests précédents, vous devenez capable d'identifier plus précisément quels sont les obstacles qui vous empêchent de trouver votre voie, de réussir, et où ils se situent (certains sont en vous-même).

Test : mes obstacles

Lisez les phrases ci-dessous, et surlignez celles qui semblent vous correspondre, ou complétez-les si besoin est. Ensuite, relisez-les ensemble, et voyez comment elles s'enchaînent : n'y a-t-il pas une relation entre elles ?

C'est là que se situent vos principaux obstacles, ceux qui sont en vous, et ceux qui tiennent à votre situation.

1. Je n'ai pas assez travaillé, j'aurais pu faire mieux, mais c'est trop tard.
2. Je me laisse toujours très facilement décourager, après coup je m'en veux.
3. Je pense que tout est fichu pour moi, je suis trop …, pas assez ….
4. J'ai tellement peur de l'échec que je ne suis pas détendu(e).
5. Je n'ai pas confiance en moi, ni en mon image.
6. Je ne sais pas bien me présenter à l'oral.
7. À l'écrit, j'ai des idées, mais je ne sais pas comment les exprimer.
8. Je fais des fautes d'orthograFe, et le pire, c'est que je ne m'en rends pas compte.
9. Mes parents et mes proches disent que je n'arriverai à rien.
10. Je n'ai pas d'endroit à moi pour travailler.

11. Je n'arrive pas à sortir d'un chagrin d'amour.

12. Mes parents n'ont pas d'argent et pas de relations utiles.

13. J'habite un quartier pourri (même si je le trouve sympa).

14. Je ne suis intéressé(e) que par un métier « impossible ».

15. Personne ne me comprend, même pas moi.

16. Je ne vois aucun avenir qui m'intéresse.

17. Les jurys et les chefs ne comprennent rien aux jeunes.

18. Je suis d'origine étrangère et ça ne me lâchera jamais.

19. Je ne suis pas intéressant(e) car je n'ai rien vécu d'exceptionnel.

20. Il n'y a pas de boulot dans ma ville, mais je ne veux pas la quitter.

Et vous pouvez aussi en rajouter :

....

....

....

1. Je n'ai pas assez travaillé, j'aurais pu faire mieux, mais c'est trop tard.

Ah bon, vous avez dépassé l'âge de lire Tintin ? L'essentiel c'est de savoir ce que vous voudriez savoir et savoir faire mieux, car tant qu'on est vivant, il n'est jamais trop tard : formations à distance, universités ouvertes, formation continue, la liste des possibilités est longue... Et, si vous avez appris sur le terrain, pensez à la VAE (validation des acquis de l'expérience) qui vous permet d'obtenir sur dossier un diplôme universitaire pour valider ces acquis. Vous pouvez vous renseigner sur Internet en tapant ces mots-clés dans un moteur de recherche, ou à l'université la plus proche de chez vous.

2. Je me laisse toujours très facilement décourager, après coup je m'en veux.

C'est vrai, vous avez raison, on s'en veut quand on a laissé passer une occasion de progresser, de changer de métier, d'entrer dans une école, etc. Il suffit de ne plus jamais recommencer : le courage est une fabrication personnelle, mais la recette ne marche qu'avec de la motivation ; alors maintenant, regardez l'un après l'autre tous vos découragements pour voir celui qui vous crée le plus de regrets. Désormais, c'est facile, votre voie sera à peu près dans cette direction. Et la prochaine fois, ne lâchez rien !

3. Je pense que tout est fichu pour moi, je suis trop…, pas assez…

Vous n'êtes pas unique dans ce cas, tout le monde est, ou a été, concerné, car tout le monde est « trop » sur certains plans et « pas assez » sur d'autres plans. En fait, tout est une affaire d'équilibre général : si vous êtes trop émotive(f) (par exemple), vous veillerez à assortir cela d'humour, pour apaiser la tension en vous donnant à voir les choses de l'extérieur ; si vous n'êtes pas assez volontaire, c'est que vous n'avez pas encore trouvé ce que vous voulez vraiment réaliser. Vous pouvez commencer maintenant.

4. J'ai tellement peur de l'échec que je ne suis pas détendu(e).

Que signifie échouer pour vous, y avez-vous déjà pensé ? Si c'est perdre la face, ne plus exister, mourir de honte, voir son image cassée, alors oui, on comprend. Mais un échec peut arriver à tout le monde : ce job, ces études ne sont pas pour moi ; ou alors, je me suis mal préparé(e), ou pas assez. Maintenant, il faut comprendre ce qui n'a pas marché…

Une recette pour être détendu(e) : avoir toujours une solution de rechange, ne pas tout miser sur une seule « solution ».

5. Je n'ai pas confiance en moi, ni en mon image.

« Qu'est-ce qu'elle a ma gueule ? » chante Johnny. En fait, elle n'a rien de grave, c'est juste pour se la jouer dramatique ! Maintenant, examinons les choses de plus près : est-ce que ce qui vous gêne en vous vous empêche d'aller vers les autres ? Telle est la question essentielle.

Si vous répondez « non » à cette question, dédramatisez, et contentez-vous de chanter avec Johnny pour vous donner la pêche. Si vous répondez « oui » à cette question, alors, il vous reste à apprendre à aller vers les autres afin qu'ils vous reconnaissent : faites du soutien scolaire, investissez-vous dans des activités bénévoles, pratiquez un art ou des activités de loisirs avec d'autres, etc. Vous verrez, il suffit de passer un contrat de vie avec soi-même.

6. Je ne sais pas bien me présenter à l'oral.

Alors, vive le théâtre ! Commencez par apprendre à présenter les autres : apprenez des bouts de rôles, passez dans des castings (ou devant vos amis, votre famille) ; cela vous donnera les mots et l'aisance pour revenir à vous-même.

7. À l'écrit, j'ai des idées, mais je ne sais pas comment les exprimer.

Ces idées, elles répondent à ce qui vous est demandé ? Ou ce sont des pensées qui vous viennent, comme ça ? Cette question est importante : quand vous avez un écrit à produire, un sujet vous est proposé avec un thème, des consignes (faites ceci, cela…) ; et voilà, vous avez déjà de quoi dire, puisque vous devrez définir les termes proposés à votre sagacité, et développer une réflexion selon les consignes. Vous voyez, la page n'est pas blanche, car vos premiers mots seront ceux qui vont faire le lien entre le sujet posé, vous-même… et votre futur lecteur.

8. Je fais des fautes d'orthograFe, et le pire, c'est que je ne m'en rends pas compte.

Au moins, vous avez de l'humour. Mais peut-être êtes-vous fâché(e) avec la forme graphique des mots ? Alors, il faut toujours vous relire et veiller systématiquement : aux singuliers et pluriels ; au portrait graphique de chaque mot ; aux conjugaisons des verbes. Mais pour se relire souvent… il faut écrire souvent – et pas qu'en texto : à votre blog !

9. Mes parents et mes proches disent que je n'arriverai à rien.

Ils disent bien ce qu'ils veulent. Mais s'ils voient que ça n'a plus d'effet sur vous, ils arrêteront. Ce qu'il faut, c'est ne plus leur donner l'occasion de se répandre ainsi. Vous arriverez à « quelque chose » à partir du moment où vous aurez identifié un « quelque chose » qui vous motive. Et là, rien ne vous arrêtera. Laissez-les donc causer, si ça leur chante…

10. Je n'ai pas d'endroit à moi pour travailler.

Et pourtant, il vous en faut un, c'est capital. Appartement trop petit, trop peuplé ? Il vous reste les bibliothèques : vous pouvez y lire, travailler, réfléchir tranquillement et même apporter votre ordinateur portable. Vous pouvez compléter ce temps passé en bibliothèque par des activités porteuses d'autonomie, de réflexion et de liberté : la marche à pied, le vélo, etc.

11. Je n'arrive pas à sortir d'un chagrin d'amour.

C'était une très grande affaire, sûrement. Mais c'est fini, la page pèse au bout de vos doigts, et vous n'arrivez pas à envisager d'autres pages dans votre vie. Cette page du passé a pour elle l'avantage de la grandeur, du romantisme – un vrai film, où on se sent exister à plein.

C'est difficile de renoncer. Et seul un projet aussi grand pourra vous motiver : pourquoi pas une amélioration de vous-même (voie, formation, métier…) ? Comme ça, votre prochaine rencontre sera encore mieux.

12. Mes parents n'ont pas d'argent et pas de relations utiles.

Cela veut dire que vous avez des parents, c'est déjà quelque chose. Que vous ont-ils donné de bien : rien ? Ah si, la vie… et puis ? Si vous trouvez simplement une chose de plus, c'est bien, et vous pourrez noter ça. Maintenant, l'argent, les relations, c'est vrai que ça aide. Si vous n'avez rien de tout cela, fabriquez-les : non, il ne s'agit pas de vous lancer dans la fausse monnaie ou l'escroquerie à la carte bancaire, mais de voir ce qui pourrait vous être d'un apport analogue : petits jobs, certes, habitude de peu dépenser, mépris des marques (la classe, c'est mieux !), intelligence pour repérer les bons plans (sorties, bouquins, cours, etc.) ; et du côté des personnes, pensez aux professeurs, ils ont un carnet d'adresses et peuvent vous en faire bénéficier, c'est aussi leur rôle. Enfin, pensez aux milieux associatifs qui créent eux aussi du tissu relationnel.

13. J'habite un quartier pourri (même si je le trouve sympa).

Qu'est-ce qu'elle a, votre adresse ? On a vu mieux… mais pire aussi. Une seule recette, compensez : ne perdez pas une occasion de valoriser votre quartier, ce qui s'y fait, de vous y engager et d'en parler.

Et, même si vous y êtes bien, habituez-vous aussi à aller prendre l'air ailleurs, cela vous fera voir d'autres choses, d'autres gens, d'autres façons de vivre.

14. Je ne suis intéressé(e) que par des métiers « impossibles ».

S'il est possible de les pratiquer, ces métiers, c'est qu'ils ne sont pas impossibles. Maintenant, il faut voir comment : pigiste, stagiaire à répétition ? C'est génial, j'apprends des tas de choses, ou alors c'est nul, on me fait trimer pour que dalle… Il faut voir aussi à quoi on doit s'attendre quand on s'y engage. Cela aide à choisir de façon réaliste et, en cas d'échec, à trouver des solutions alternatives : prenez l'exemple du métier de journaliste, qui attire beaucoup de jeunes ; maintenant, avec l'Internet et le numérique, chacun peut être journaliste aussi. À tel point qu'on a vu paraître, durant l'hiver 2006-2007, des articles de professionnels se plaignant de ce que leur métier leur était pris par des amateurs !

15. Personne ne me comprend, même pas moi.

Alors, vous devez être quelqu'un de vraiment compliqué ! Sûrement intéressant, aussi. Mais rassurez-vous, il n'y a rien de grave, ça n'empêche pas de vivre ni d'avoir des projets. La seule chose importante, c'est que vous arriviez à fonctionner avec les autres, parce que vous ne vivez pas seul(e) sur une île déserte. Donc, s'il y a un seul effort à faire, c'est d'être davantage avec les autres. Et vous verrez, la compréhension viendra toute seule, à travers les relations nouvelles que vous aurez accepté d'avoir.

16. Je ne vois aucun avenir qui m'intéresse.

C'est vrai, la planète ne va pas très bien. C'est comme vous ? Alors vous pourriez peut-être comprendre les nouveaux problèmes qui se posent dans le monde : malnutrition dans une bonne part de l'Afrique et problèmes médicaux d'ampleur ; réchauffement climatique et défi des énergies renouvelables ; circulation de l'information, protection des libertés et nouveaux médias. Un certain nombre de filières mènent à ces formations et à de nombreux métiers, et c'est important : on a l'avenir qu'on se fait.

17. Les jurys et les chefs ne comprennent rien aux jeunes.

C'est tout à fait normal : ils n'ont jamais été jeunes et ne s'intéressent pas à la transmission de leur métier et de leur savoir ; ils préfèrent rester entre eux avec leur musique, leurs livres, leurs affaires. Bon... maintenant, il n'est pas interdit de leur expliquer quelques petites choses, en leur donnant des exemples, peut-être que ça déclenchera enfin leur intérêt. On peut écrire aux enseignants, aux jurys de concours, on peut leur demander un rendez-vous et les rencontrer.

18. Je suis d'origine étrangère et ça ne me lâchera jamais.

Vous êtes qui vous êtes. Mais vos voisins changeront et votre regard sur vous-même aussi. Faites une expérience, ouvrez un annuaire de téléphone, et regardez les noms ; allez regarder aussi dans les annonces de naissances, de mariage et de décès. L'origine, c'est une donnée, les projets en sont une autre : votre vie est votre affaire ; si votre origine vous a été donnée (merci Papa, merci Maman), votre but, votre point d'arrivée sont à déterminer. Par vous.

19. Je ne suis pas intéressant(e) car je n'ai rien vécu d'exceptionnel.

L'intérêt d'une personne résiderait dans son vécu : Corto Maltese, mieux que ou Julien Sefta ou Sonia Dupont ? Dans une BD, oui, peut-être. Mais dans la vie, Sonia D. a des choses à faire, des idées, elle rêve, elle imagine, elle se voit être, faire, elle veut, elle voudrait... Tout cela, c'est vous ; et ça ne vous intéresse pas ? Vous n'avez pas envie de le communiquer, de l'expliquer ? C'est dommage, car vous avez sûrement à apporter et aussi à recevoir. Un examen ou un concours, ce n'est pas un concours d'exploits, ni un concours de circonstances, mais un moment d'humanité (en tension, certes...).

20. Il n'y a pas de boulot dans ma ville, mais je ne veux pas la quitter.

Au moins, c'est clair : vous devrez créer votre job là où vous êtes. Alors, enquêtez, regardez autour de vous de quoi les gens ont besoin, et, parmi ces besoins, ce que vous pourriez transformer en activité de service ou de production. Des photocopies ? Des courses ? Des réparations ? De l'aide aux devoirs ? De la comptabilité pour PME ? De l'enseignement ? De l'animation ? Et si ça se trouve, vous rencontrerez quelqu'un qui n'aura qu'une idée, aller voir ailleurs. La vie est ainsi...

Quelque chose à ajouter ?

....

....

....

Finalement, les obstacles, ce sont des empêcheurs de vivre. Pourquoi les laisser agir ? Vous pouvez vous en passer.

« La réussite, c'est d'abord d'être au travail quand les autres vont à la pêche. » (Philippe Bouvard, homme de médias)

« Un défaut qui empêche les hommes d'agir, c'est de ne pas sentir de quoi ils sont capables. » (Bossuet)

« Les gens faibles ne distinguent jamais assez ce qu'ils veulent de ce qu'ils voudraient. » (Cardinal de Retz)

Savoir trouver sa voie professionnelle

Qu'est-ce qu'une voie professionnelle ? D'abord une *posture, renvoyant à une action nécessaire dans la société*. En voici dix, les plus fondamentales, auxquelles on peut ramener tous les métiers :

- soigner ;
- aider ;
- produire (des biens, des services) ;
- vendre, acheter (être un intermédiaire) ;
- communiquer, diffuser ;
- informer ;
- former ;
- gérer ;
- organiser ;
- améliorer les relations (médiation).

Vous avez sûrement eu à faire de telles actions dans votre milieu personnel et/ou professionnel. Lesquelles ? Et lesquelles vous conviennent (vous avez su faire, et ça vous va bien) ?

Test : j'ai déjà fait...

Cherchez et formulez toutes les occasions où vous avez accompli avec succès une des actions ci-dessus.

Il y en a sans doute beaucoup, à ajouter à cette liste indicative :

1. du baby-sitting : garder des petits frères et sœurs, ou d'autres enfants, les consoler, soigner les bobos, raconter des histoires.
2. les courses pour ma grand-mère ou pour les voisins ; aider à remplir des papiers ; réconforter un ami triste ou déprimé ; la comptabilité pour le club de sport...
3. une recette de cuisine ; de l'informatique : configurer mon ordinateur, réparer des pannes.
4. vendre des journaux ; vendre et acheter mes livres de classe ; vendre des jeux, des CD, des films.
5. animer un blog ; s'exprimer sur les forums ; écrire ou téléphoner à une radio, une TV.
6. créer puis poser des affiches pour un spectacle ; écrire dans le journal du lycée ou du collège.
7. faire de l'aide aux devoirs en classe ; de l'animation : encadrer des jeunes en sport ou autre.
8. ne pas dépenser tout mon argent disponible pour le mois ; choisir les produits ; gérer (un club, un dossier, une association, une autre structure, etc.).
9. organiser des événements : sorties entre amis, fêtes familiales, concerts, animations locales.
10. faire le médiateur pour que des gens fâchés se parlent à nouveau ; expliquer ; dénouer ou prévenir des conflits entre amis, entre voisins, etc.

Corrigé

Vous voyez, la voie professionnelle, ça commence avec des actions de tous les jours, des actions nécessaires à la vie. C'est important : en réfléchissant sur ce que vous avez déjà su faire, et aimé faire, vous saurez mieux où vous diriger pour l'avenir, quelle formation, quel métier, quel concours, quel examen.

Quels obstacles ?

Mais, direz-vous, ce n'est pas parce qu'on aime bien telle ou telle activité, qu'on s'y voit bien, que les écoles et les formations vont s'ouvrir devant nous comme par magie. C'est vrai. Il faut donc parcourir un chemin qui va *de l'activité aux lieux pour s'y perfectionner et aux compétences et savoirs utiles.* En d'autres termes, il faut entrer dans la réalité de la vie préprofessionnelle et professionnelle : formation, matières, épreuves, stages, mémoires.

Voyons d'abord les choses obligatoires, *ce qu'il faut toujours savoir faire* :

- savoir s'exprimer à l'écrit et savoir « écouter l'écrit » (c'est-à-dire bien lire) ;
- savoir parler et écouter les autres ;
- savoir résoudre un problème (théorique et/ou pratique) ;
- connaître des éléments de culture (le passé, l'ailleurs).

Donc, vous pouvez commencer tout de suite à vous améliorer. Mais on vous l'a déjà dit…

Et maintenant, les *savoirs et savoir-faire optionnels*, qui vont dépendre :

- du métier ;
- de la place occupée dans la profession ;
- du milieu professionnel ;
- des objectifs que vous vous fixez ;
- du lieu dans lequel vous voulez travailler.

Et tout cela, si possible, dans une ambiance relationnelle positive : plus vous saurez communiquer, et mieux ça ira (cf. ci-dessus, le tronc commun obligatoire).

Bon à savoir

Pour gérer les critiques et les conflits, il faut d'abord repérer la cause et le moment d'origine du conflit : Quand ? Qui ?

Inutile de chercher à savoir qui a commencé – mais plutôt ce que ressent chacun des protagonistes et quel est le point de vexation majeur.

Ensuite, parler avec des intermédiaires, pour vous informer et informer ; pesez vos mots, ne faites pas monter les enchères.

Enfin, réfléchir aux moyens de sortir de la crise – à des moyens qui seront honorables pour tout le monde.

Attention : il ne faut jamais faire perdre la face à quelqu'un (même s'il a tort). Nous ne sommes pas des justiciers, tout simplement parce que nous ne savons jamais tout.

De la voie choisie aux moyens d'action nécessaires

Comment vous fixer un plan de carrière qui soit aussi un plan de vie ?

Une réflexion sur ce type de questions est importante. En effet, les jurys des concours administratifs et les recruteurs du secteur privé posent très fréquemment des questions telles que : « Où vous voyez-vous dans cinq ans ? » « Où vous voyez-vous dans dix ans ? » « Quelles sont vos ambitions de carrière ? »

Pour atteindre vos objectifs à long terme, vous devez vous fixer un plan de carrière. Vous devrez être prêt à en parler objectivement devant les jurys ou les recruteurs. *Sans prétention excessive, mais aussi sans fausse modestie.*

Gardez cela présent à l'esprit lorsque vous planifiez votre emploi du temps, jour après jour. Nous vous invitons à noter fréquemment vos réflexions à ce sujet, mais aussi à en parler avec vos parents, collègues et amis, ou au sein de votre groupe de travail. Notez-les et gardez-les : il sera intéressant d'effectuer fréquemment par écrit le bilan de vos expériences. Et de dresser des tableaux de vos compétences et qualifications.

Si vous en êtes au début de vos réflexions, vous pouvez *dresser la liste de tous les métiers où vos compétences et vos expériences peuvent se révéler utiles.* Faites-le aussi si vous envisagez une mobilité ou une reconversion.

Votre plan de carrière

Votre plan de carrière doit comporter tous les *investissements indispensables*. D'abord les investissements en formation, c'est-à-dire l'auto-formation, le travail personnel, et les cours où vous devez vous inscrire. Puis la liste des démarches nécessaires. Et celle des relations à établir. Éventuellement, une liste d'opérations matérielles, parfois très lourdes, telles que, par exemple, un déménagement à prévoir.

De préférence, choisir toujours l'activité qui représente le meilleur des investissements pour l'avenir. Et votre plan devra toujours comporter, de façon très claire, des *choix de priorités*.

Les objectifs et la réalité

Il ne faut pas vous sous-estimer, mais il ne faut pas non plus vous fixer des objectifs démesurés. Une ambition excessive vous mettrait en porte-à-faux par rapport à votre situation actuelle, et risquerait fort de vous mettre en situation d'échec à moyen terme.

Donc, *voyez loin, visez haut*, mais *restez parfaitement lucide*.

Lorsqu'un objectif est à la fois prioritaire et très concret, il vous faut utiliser toutes vos ressources pour l'atteindre : se fixer un objectif ambitieux, c'est aussi *s'inciter à travailler et à se dépasser*.

Rêves et réalité

Prenons un exemple : l'action sur vos caractéristiques physiques. Il est possible et souhaitable d'accomplir certaines actions bénéfiques – notamment perdre les kilogrammes nuisibles ou superflus, et faire du sport et de la gymnastique.

Mais il ne faut pas se fixer des objectifs inaccessibles, et employer des moyens dangereux pour les atteindre. Vous avez certainement lu des articles ou vu des émissions médicales : des personnes ont mis leur santé gravement en danger en luttant mal contre leur obésité, ou en voulant changer de visage.

Attention aussi aux évolutions probables du contexte économique, qui ne dépendent pas forcément de vous ! Ainsi, il est désormais souvent vain d'espérer pratiquer le même métier jusqu'à la retraite, comme c'était le cas dans les années 1950-1960. Il faut vous attendre à des reconversions, et vous donner les moyens d'y faire face.

Vous serez sans doute amené à recadrer vos compétences et à en acquérir de nouvelles pour préserver votre emploi ou votre carrière. Il vous faudra revoir vos objectifs professionnels en conséquence. Une fois ceux-ci définis, ou redéfinis, fixez vos échéances.

D'où l'importance de bien être au clair sur ses motivations…

L'interaction entre les objectifs et les motivations

Il faut fixer des objectifs en fonction de votre personnalité et de vos motivations. Mais ces objectifs eux-mêmes vont contribuer à vous donner des motivations pour le travail. Un objectif ambitieux et des perspectives heureuses, voilà les *facteurs clés du succès,* qui vont vous inciter à travailler et à vous dépasser.

En même temps, votre personnalité elle-même peut évoluer, dans le bon sens, celui que vous avez choisi.

Test : trouver mon chemin...

Voici un schéma très simple : A → B → C

Prenez le point A, où vous vous trouvez actuellement, fixez le point B, où vous aimeriez vous trouver dans le futur : vous déterminez C, c'est-à-dire comment y parvenir : A comme Actuel, B comme But et C comme chemin.

Votre action à long terme

Il est bien connu que *le rapport au temps varie selon les individus.* Pour bien exploiter votre temps, afin d'assumer au mieux toutes vos tâches, dans votre travail, votre école comme à votre domicile, vous devez prendre conscience de votre comportement et de vos attitudes par rapport à lui.

Votre action à long terme tient en ces quelques mots : *organiser vos activités, gérer votre temps.*

Test : ma préparation

– Est-ce que je suis dans de bonnes conditions pour travailler ?

– Sinon, qu'est-ce qui ne va pas ?

– Comment optimiser mes activités ?

Pour répondre, pensez à vos journées habituelles, à vos tâches actuelles, et aussi à ce que seront vos journées en cas d'entrée dans telle ou telle structure ou dispositif.

Organiser sa préparation

Voilà un point essentiel ! On organise bien une fête, une cérémonie… et sa vie, et ses moyens de vivre, de s'épanouir, on les laisserait au hasard ?

Mots d'hier, mots d'aujourd'hui

> *« La chose la plus importante de toute la vie, c'est le choix du métier ; le hasard seul en dispose »*, a dit Pascal (*Les Pensées*), il y a plus de trois siècles.

Et si nous changions ?

Se préparer, c'est se fixer un programme précis en fonction de ses objectifs et de ses moyens

Pour réussir votre concours, comme pour réussir votre carrière, il vous faudra toujours veiller à bien préparer votre action, en vue d'agir efficacement.

En décidant de vous inscrire à une préparation pour vous présenter à des concours, vous avez déjà fait un choix de vie et de carrière. Mais de temps en temps il faut continuer à y réfléchir.

Test : organiser ma préparation

Voyons ensemble ce qu'il faut faire ; ensuite vous pourrez compléter chacune des rubriques ci-dessous en plaçant en face de chaque ligne la réponse concrète qui vous appartient. Par exemple :

Se fixer des objectifs :

– à long terme : avoir un emploi où je pourrai progresser ;

– à moyen terme : me perfectionner à l'écrit, à l'oral, en culture générale ;

– à court terme : rédiger un devoir par matière chaque semaine ;

– immédiats : ... et commencer tout de suite.

1. Se fixer des objectifs :

    ☐ à long terme

    ☐ à moyen terme

    ☐ à court terme

    ☐ immédiats

2. Recenser les tâches :

    ☐ par ordre d'urgence

    ☐ par ordre d'importance

    ☐ par périodicité

3. Se donner les moyens :

    ☐ en recensant les moyens nécessaires

    ☐ en préparant sa bibliographie

    ☐ en constituant sa documentation

4. Se fixer un programme précis :

    ☐ pour l'année

    ☐ pour le trimestre

    ☐ pour le mois

    ☐ pour la semaine, à moduler selon les journées

5. Se mettre dans de bonnes conditions pour travailler :

☐ conditions physiques

☐ conditions morales ou psychologiques

☐ conditions matérielles

6. Respecter son programme :

☐ en vérifiant régulièrement sa bonne exécution

☐ en l'adaptant si besoin est

☐ en effectuant rapidement les rattrapages nécessaires

7. Rationaliser et évaluer en continu ses activités :

☐ en adaptant son programme et en perfectionnant ses méthodes

☐ en recherchant toujours l'efficacité

☐ en les rendant le plus agréable possible

Voyez d'abord quelle a été, pour chaque rubrique, la ligne la plus facile à compléter : là, vous êtes déjà bien au clair… à condition que vous ayez employé des mots concrets, et pas des formules trop générales, du genre « être heureux », ou « travailler régulièrement ».

Voyez ensuite la ligne la plus difficile à compléter : vous devez progresser vers plus de concret, car c'est le début de la réalisation. Par exemple, il est important de pouvoir mettre des mots concrets sur la dernière ligne concernant la manière de rendre ses activités agréables : est-ce de bien alterner sport et devoirs ? Ou film et leçons ? À vous de voir…

Préparation, développement des savoirs et compétences

Voici une méthode d'analyse en cinq points de votre situation, de votre personnalité, et de vos relations avec votre environnement.

Une telle analyse peut et doit être effectuée à chaque étape importante de votre vie scolaire ou professionnelle. Elle s'impose aussi pour affronter des épreuves telles qu'un entretien avec un jury ou un entretien d'embauche.

Ces cinq points stratégiquement essentiels sont :

- votre **S**ituation ;
- votre **I**dentité ;
- votre **C**ulture ;
- vos relations avec l'**A**utorité (= la hiérarchie) ;
- vos relations avec vos **V**oisins (c'est-à-dire avec vos collègues, parents et amis, votre environnement…).

… d'où le sigle SICAV (eh oui, comme un produit financier, mais alors le plus précieux de tous : vous-même) !

	Bilan	Prospective
Situation	Où en êtes-vous ?	Que devez-vous faire ?
Identité	Qui êtes-vous vraiment ?	Que voulez-vous devenir ?
Culture	Quels sont vos acquis ? Et vos points faibles ?	Que devez-vous acquérir ? Et perfectionner ?

	Bilan	**Prospective**
Autorité	Quels sont vos rapports avec la hiérarchie ? Et avec vos subordonnés ?	Comment vous comporter ?
Voisins	Quels sont vos rapports avec autrui ? Et avec votre environnement ?	Comment les améliorer ?

Test : mes SICAV

Vous pouvez constituer un tableau sur une feuille de très grand format. Commencez à le remplir en utilisant des mots-clés, puis développez certains points : vos qualités et vos défauts, vos acquis et vos carences, les corrections souhaitables et les perfectionnements possibles…

Vous pourrez ensuite reporter vos observations sur votre blog, un fichier personnel, votre journal, ou sur un petit recueil de fiches. Et les tenir à jour, à la fois chronologiquement et par grands thèmes.

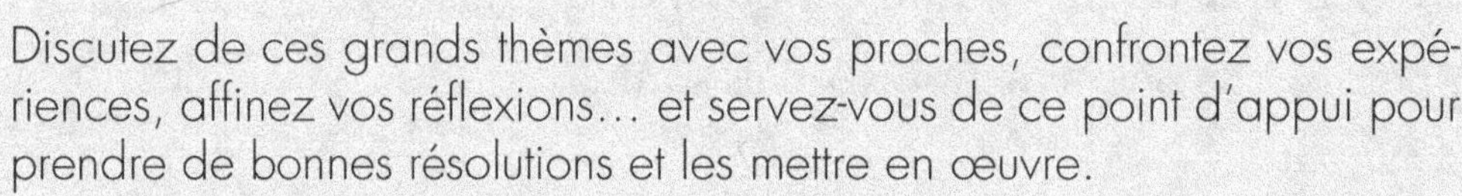

Discutez de ces grands thèmes avec vos proches, confrontez vos expériences, affinez vos réflexions… et servez-vous de ce point d'appui pour prendre de bonnes résolutions et les mettre en œuvre.

L'analyse personnelle est à la base de tout travail de développement personnel. Pratiquer cette analyse, c'est obtenir la synthèse de votre personnalité.

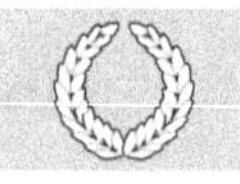

Réussir

La personnalité, c'est quoi ?

Le mauvais caractère ? Le bon caractère ? Ou les deux, selon les situations ?
Les choix, les goûts ?
Les façons d'être et de faire ?
Les façons de parler, de se taire ?
L'éducation ? Ou l'anti-éducation ?
À voir… pour la suite de votre préparation.

Vers le développement de compétences : SICAV + + +

Vous avez rempli votre tableau SICAV ? Très bien. Mais vous pouvez aller plus loin en partageant ces savoirs avec vos collègues, vos amis, vos proches.

Proposez-leur de se livrer à la même activité en leur donnant la fiche à remplir, puis échangez sur vos fiches, vos expériences, vos impressions mutuelles.

En effet, le débat et le dialogue sont des moyens de développer des compétences d'analyse, d'expression orale, d'argumentation. Et avec des amis, la critique est en principe non destructrice.

Cette expérience d'échange vous permet aussi de nuancer le regard que vous portez sur vous-même : parfois on se sous-estime, on se dévalue ; ou alors, on n'a pas conscience et on ne formule pas bien ce qu'on sait faire, tellement cela nous est habituel.

Attention ! Si, au contraire, l'un de vos proches vous dévalue systématiquement, ne vous laissez pas faire : vous connaît-il vraiment ? Sait-il vraiment de quoi vous êtes capable ?

Le regard d'autrui vous apportera du neuf, et de quoi réfléchir, de quoi progresser.

Écrit, oral, lecture, confiance en soi : entraînez-vous

Vous voulez bien vous entraîner, mais par où et comment commencer ? La réponse est : par vous, par vos réactions face aux épreuves d'examen et de concours. On y va ?

À l'écrit

En concours, il faut écrire selon un format imposé, sur des sujets imposés ; il y a des choses à dire, d'autres à ne pas dire ; il faut soigner son écriture pour que le correcteur puisse lire sans s'épuiser, ni lâcher votre copie avant la fin (oui, c'est parfois vrai, et nous en reparlerons plus loin).

Mais il faut avant tout se mettre au clair sur ce qu'est écrire. Écrire librement, écrire selon des contraintes : ce n'est pas la même chose. Et puis il faut essayer…

Écrire librement, c'est…

En théorie, c'est absolument génial, les mots vous viennent, c'est fluide, juste, éblouissant ; en pratique… euh, c'est plus difficile. Et l'on se dit alors que les contraintes, les sujets, les règles, les consignes auraient pu nous aider, car ce sont d'abord et surtout des *repères*.

Écrire selon des contraintes, c'est au contraire…

Un truc terrible, une épreuve au sens plein du terme. Oui, dites-vous.

Mais, y avez-vous pensé ? Écrire sous contrainte, c'est aussi pouvoir s'exercer à s'exprimer avec de l'aide ; une citation est un appui, un tremplin pour s'élancer vers l'expression. D'accord, il faut l'expliquer, donner sa signification, ses tenants et aboutissants, son contexte, mais en faisant tout cela, on apprend à s'exprimer, soi.

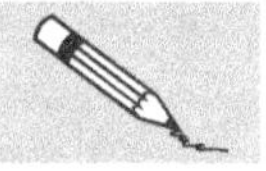 *S'entraîner*

Sujets d'examens et de concours

Et si vous vous y remettiez ? Voici quelques sujets d'examens et de concours, à partir desquels vous exercer.

« Sprinteurs de l'action, nous n'avons plus de souffle pour la course de la réflexion. » Jean-Louis Servan-Schreiber, *L'Art du temps.*

« L'aménagement du temps ». Concours d'Attaché d'administration scolaire et universitaire.

« La gestion des âges de la vie ». Concours de Contrôleur du travail.

« En général, l'ouvrier n'a pas d'autre capital que le temps, il n'a pas d'autre revenu que l'emploi de ce temps. En le dissipant, il détruit sciemment ses propres ressources ; il devient jusqu'à un certain point homicide. » Barreau, *Conseils aux ouvriers sur les moyens qu'ils ont d'être heureux* (1850).

À l'oral

Que vous demande-t-on à l'oral ? De faire la preuve de vos savoirs, de montrer que vous êtes capable de résoudre un problème, que vous êtes capable de débattre courtoisement, que vous pouvez accepter la contradiction, que vous savez vous remettre en question, que vous n'êtes ni buté ni inutilement agressif…

Eh oui, tout cela. C'est beaucoup. Pensez-y !

En principe, c'est surtout vos qualités qu'il faudra faire valoir devant les jurys ou les recruteurs. Mais il arrive assez souvent que les jurys mettent l'accent sur vos défauts ou vos carences. À vous alors de bien vous y préparer. Montrez que vous serez capable de vous corriger, de vous adapter.

La paresse, c'est bien connu, peut devenir le *sens de l'économie du temps de travail*. À la fois pour soi-même et pour les autres.

Un tempérament colérique peut être dompté pour se *transformer en énergie* et en autorité de bon aloi. Beaucoup de hautes personnalités l'ont prouvé.

Le goût de la provocation peut se tempérer, et être utilisé à bon escient. Il en va de même pour les tempéraments moqueurs, qui devraient se transformer en *humour de bon aloi* (c'est-à-dire ni trop gras, ni trop elliptique – partageable).

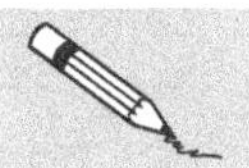

S'entraîner

Questions posées à l'oral

Voici quelques exemples de questions posées à l'oral. Comment y répondriez-vous ? Essayez !

« Quel est votre plus grand défaut ? »

« Quels sont vos défauts les plus graves ? »

Il est bon de paraître improviser une réflexion devant le jury… tout en ayant soigneusement préparé une réponse depuis longtemps. S'il faut répondre par une seule phrase, vous pouvez employer une formule du genre : « Mes défauts, je m'en occupe, et je m'efforce de les transformer en qualités. »

Essayez d'inventer quelque chose de bien, puis testez cette réponse sur vos proches, ceux de votre âge et les autres.

Pourquoi ne pas avoir quelques bonnes citations en réserve ? Voici trois *Maximes* de François de La Rochefoucauld :

« *Nous n'avouons de petits défauts que pour nous persuader que nous n'en avons pas de grands.* » Effectivement, vous pourrez gagner un point de bonification en avouant avec humour devant le jury un tout petit défaut…

> « *Si nous n'avions point de défauts, nous ne prendrions pas tant de plaisir à en remarquer dans les autres.* »

> « *Ce qui nous fait croire si facilement que les autres ont des défauts, c'est la facilité que l'on a de croire ce qu'on souhaite.* »

Le jury pourrait aussi vous interroger sur les défauts des Français... il sera bon d'avoir à l'esprit quelques réflexions des grands auteurs ou de hautes personnalités. En voici une de Napoléon Bonaparte : « *Notre ridicule défaut national est de n'avoir pas de plus grand ennemi de nos succès et de notre gloire que nous-mêmes.* »

En lecture

Mots d'hier, mots d'aujourd'hui

> « *Écrire, c'est parler sans être interrompu* », a écrit Jules Renard dans son *Journal*.

> « *C'est se placer dans la production, non dans le produit, c'est retrouver comment ça a été écrit.* » (Roland Barthes)

Nous voilà donc dans l'action, lire c'est ré-écrire, pour soi... et en sachant que les autres existent. C'est écouter et entendre la voix d'un autre par-delà les distances.

Problème : on n'a pas toujours envie de lire ce qu'on nous demande de lire ; il faut donc se motiver ; traduire en notre langue intime ces mots, ces phrases venues d'ailleurs. Lire, c'est précisément cela.

Et ça sert à quoi ? À s'approprier la culture mondiale, à la faire sienne, à la ranger avec ses affaires. Bien sûr, il faut bien choisir, dans les livres, sur Internet et dans les encyclopédies, il y a de tout.

Alors, que sommes-nous censés savoir, que les livres nous auraient appris ?

Quelques cadres mentaux :

- le temps : chronologies ; capacité à relier des idées, des inventions, des systèmes, et des époques ;
- l'espace : géographie et géopolitique ; capacité à situer des lieux, des événements, des progrès et des drames ;
- les grands hommes (et femmes) : artistes, inventeurs, écrivains, hommes de loi, philosophes ou politiques, il y a des incontournables ;

- les grands mouvements de civilisation : modes de vie, cultures, religions, pratiques sociales et culturelles, tout n'est pas comme nous et comme chez nous aujourd'hui.

Et quelques coups de foudre :

- les livres de poésie, théâtre, roman… mieux vaut pouvoir en parler ; ou alors pouvoir justifier du fait que votre expérience n'est qu'immédiate ; que vous ne voulez pas connaître le livre dont un film a été tiré, etc.
- les œuvres, telles que films, peintures, sculptures, etc.
- les livres-révélateurs, qui ont su nous soutenir, accompagner notre progression, et faire en sorte que, grâce à ces compagnons de la lecture, nous soyons moins seuls et nous soyons nous-mêmes.

Être soi… en confiance

Rappelons cette phrase préférée d'un professeur à ses étudiants : « Qu'il s'agisse d'un concours ou d'un entretien d'embauche, vous devez être prêt à parler de vous-même en vous présentant bien : vous-même, c'est en principe le sujet que vous connaissez le mieux… »

Mais encore faut-il en parler bien.

Que de candidats accomplissent de mauvaises performances en ce domaine ! Ils se diminuent ou se condamnent au lieu de se mettre en valeur…

L'entretien capital, c'est celui qui va permettre de décider de votre recrutement dans une entreprise ou dans une administration.

Dans tous les cas, il faut vous efforcer de vous préparer énergiquement à cet acte capital : démontrer une adéquation parfaite (ou presque…) entre votre personnalité, votre projet professionnel, et les besoins présents et futurs de l'entreprise ou du service.

Pour cela, les questions suivantes sont incontournables : « Qui suis-je ? Où en suis-je ? Qui voudrais-je être, que voudrais-je faire de ma vie ? Et où dois-je aller pour cela ? »

Rassurez-vous ! Tout le monde doit répondre sans cesse à cette question : « QUI SUIS-JE ? » Pas seulement vous et Œdipe, mais les plus jeunes, les plus vieux, les hommes, les femmes, ici, ailleurs.

Le système des examens et concours

Le *système des concours* ne date pas d'hier. Dans des civilisations millénaires, et notamment en Chine, en Corée, au Vietnam, un système de concours permettait d'accéder aux plus hautes fonctions administratives, littéraires, ou même politiques. Les *mandarins* étaient généralement recrutés, par concours, parmi les lettrés.

Aujourd'hui, en France, le système des concours concerne non seulement l'Administration et les services publics, mais encore tous les secteurs clés de l'économie française : pensez notamment aux grandes écoles de commerce et aux grandes écoles d'ingénieurs. Ainsi, la « *méritocratie républicaine* » vaut dans le monde de l'entreprise comme dans celui de l'Administration.

Bon à savoir

Certains jeunes semblent naturellement doués pour les grands concours : on les appelle des « bêtes à concours » ; mais ce ne sont pas forcément les plus créatifs ni les plus adaptés au monde moderne !

À d'autres niveaux, et avec d'autres centres d'intérêt, il y a aussi des concours pour devenir pompier, gardien de la paix, préposé de la Poste, agent des hôpitaux, des impôts ou du Trésor, des collectivités territoriales (ce dernier secteur, la fonction publique territoriale est d'ailleurs en expansion).

Au niveau scolaire, puis universitaire, le système des examens et concours est conçu pour conférer à la *reconnaissance d'un niveau atteint (ou d'une compétence acquise)* une valeur solennelle et nationale. C'est le principe même des diplômes nationaux. Dans les concours, il s'y ajoute le classement.

Cependant, passer des examens, seul devant sa feuille blanche, puis devant un jury, n'est-ce pas un « *rite de passage* » qui en vaut un autre ? N'est-ce pas aussi une bonne préparation aux « examens » ultérieurs que la vie vous impose ? Dans la vie courante, cela peut aller de l'entretien professionnel à la présentation d'un dossier devant des clients, des élus, ou un conseil d'administration.

 *Réussir*

> Quel que soit le niveau des concours, ou leur difficulté, la démarche est pratiquement la même : il faut faire le bilan de vos atouts et de vos carences, *bien travailler sur les points prioritaires, à identifier,* et vous préparer méthodiquement à affronter chacune des épreuves.

Rappel de culture générale

Le système des concours trouve sa source dans l'article 6 de la Déclaration des Droits de l'Homme et du Citoyen : « La loi est l'expression de la volonté générale. Tous les citoyens ont droit de concourir, personnellement ou par leurs représentants, à sa formation. Elle doit être la même pour tous, soit qu'elle protège, soit qu'elle punisse. Tous les citoyens étant égaux à ses yeux sont également *admissibles à toutes dignités, places et emplois publics, selon leur capacité, et sans autre distinction que celle de leurs vertus et de leurs talents.* » Telle est, au plus haut niveau, l'origine du principe de la *méritocratie républicaine.*

Si critiqué soit-il, le système des examens et concours pourrait justifier le même type de remarques que la démocratie elle-même. Winston Churchill, le grand Premier Ministre britannique et héros de la Seconde Guerre mondiale, avait déclaré : « *La démocratie est le pire des systèmes… à l'exception de tous les autres !* »

En résumé, donc, le système des examens a ses justifications, devant lesquelles il faut s'incliner. Mais il demande certainement à être rénové, adapté. Peut-être y participerez-vous ? En tout cas, il vous faut *être prêt à l'affronter.*

Et avant de vous lancer dans la course (... le marathon !), vous pouvez avoir à l'esprit cette pensée de Lao Tseu : « *Un grand voyage commence toujours par un premier pas.* »

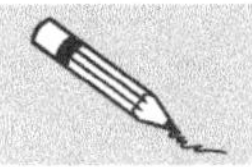

S'entraîner

Voici un travail personnel à effectuer de temps en temps. Faites le point de vos qualités et de vos défauts, de vos forces et de vos lacunes, de vos atouts et de vos handicaps. Et engagez résolument les actions nécessaires pour progresser vers votre but.

Test : Les examens, les concours... et moi

Comment réagissez-vous et, en le sachant, comment vous améliorer ?

1. Est-ce que je perds mes moyens dès qu'il s'agit de contrôle ou de compétition ?

   ☐ Oui

   ☐ Non

   ☐ Cela dépend du domaine (citez le domaine qui vous pose problème) :

   ....

2. Est-ce que, au contraire, les situations d'examen font que je me dépasse et que j'étonne tout le monde ?

   ☐ Oui

   ☐ Non

3. Est-ce que je me sens diminué(e) ou mis(e) en cause si j'échoue ?

   ☐ Oui

   ☐ Non

1. **Est-ce que je perds mes moyens dès qu'il s'agit de contrôle ou de compétition ?**

Si oui, vous avez grand besoin de vous réguler, par exemple avec des activités aidant à contrôler la respiration (yoga, tai-chi, etc.).

2. **Est-ce que, au contraire, les situations d'examen font que je me dépasse et que j'étonne tout le monde ?**

Bravo ! Voilà l'exemple d'un stress positif. Mais pourquoi en êtes-vous économe ? Cela vous rend tellement heureux ?… Dépensez plus, SVP !

3. **Est-ce que je me sens diminué(e) ou mis(e) en cause si j'échoue ?**

Si oui, essayez d'être objectif, et au besoin faites-vous aider, demandez à voir votre copie, à vous la faire commenter, ou interrogez le président du jury (en prime, cela vous donnera l'occasion d'inverser les rôles !).

Si non, c'est plutôt bien… mais ne tombez quand même pas dans le « je m'en foutisme ».

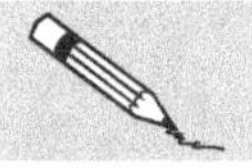

S'entraîner

Il faut savoir conserver les acquis du lycée

Conservez précieusement les *outils essentiels* : vos dictionnaires, vos livres de grammaire, manuels d'histoire, de littérature, de philosophie, ou encore de mathématiques et de sciences. Et vos cahiers, ou encore certains de vos devoirs.

Le mot « outil » s'applique aussi aux méthodes de travail. Il revient à chacun de les perfectionner à partir de ses acquis, et de s'en donner chaque année de nouvelles.

Auto-évaluation (équation personnelle, motivations et objectifs, besoins de formation)

Pourquoi m'engager dans une carrière ? Comment y réussir ?

Telles sont les deux questions fondamentales pour vous et votre vie. Voici trois tableaux, que vous pourrez compléter tout au long de votre lecture-écriture de cet ouvrage, et même tout au long de vos préparations pré-professionnelles d'examens et de concours. Ils vous permettront de faire le point sur :

- votre équation personnelle ;
- vos motivations et objectifs ;
- vos besoins de formation et de moyens.

Ces tableaux sont à vous… usez-en et abusez-en !

Mots d'hier, mots d'aujourd'hui

« *Entrer dans la carrière veut dire : s'avancer dans le chemin de la vie.* » (Jules Vallès, *Le Bachelier*)

Votre équation personnelle	
Votre formation initiale scolaire et/ou universitaire ou technologique : développez…	Votre culture et vos lectures : listez ce qui a été marquant pour vous :
Vos stages…	Vos expériences : notez lesquelles ont été marquantes pour vous :

Vos motivations et vos objectifs		
Objectifs personnels	Objectifs professionnels	Objectifs sociaux
Construction de la personnalité :	Promotion et responsabilités :	Utilité sociale :
Épanouissement, réalisation :	Avantages matériels et financiers :	Reconnaissance d'autrui :

Vos besoins de formation et de moyens		
Développer vos qualités et vos atouts. Lister :	Développer vos compétences. Lister :	Développer vos relations, travailler en équipe : comment ?
Faire avec vos gros défauts :	Lutter contre vos difficultés :	

Développez vos compétences : les moyens du succès

Nous voilà arrivés dans la deuxième partie de cet ouvrage : les choses sérieuses continuent, et il ne s'agit pas de caler net juste après avoir réussi à abattre quelques obstacles pour imaginer votre VOIE et réfléchir à comment vous organiser.

Maintenant, il vous faut donner de la VOIX, c'est-à-dire vous exprimer en étant entendu à l'extérieur. Mais, pour être entendu, il vaut mieux parler la langue des habitants de l'endroit où vous voulez aller ; et il vaut mieux aussi connaître les habitudes de ladite peuplade, qu'elle soit préhistorique ou super-technologique.

Donc...

> ➤ si vous passez un concours administratif, ne parlez pas la langue des médias ;
> ➤ si vous passez un concours technique, ne soyez poétique et spontané qu'après avoir résolu le problème qui vous a été soumis dans le sujet posé.

En clair, répondez à ce qui est attendu de vous, ou alors n'y allez pas (cf. fiches 1 et 2) !

Les fiches 11 à 21 s'intéressent à vos compétences : il s'agit de les repérer, les lister, les évaluer, les améliorer en utilisant au mieux tous vos acquis.

Au fait, une compétence, c'est quoi ? Tout simplement le témoignage positif d'une capacité à accomplir certaines tâches, ou s'adapter à tel environnement, résoudre tel problème. On distingue des compétences générales (une espèce de tronc commun), telles que dire, écrire, lire, analyser, reformuler ; et des compétences spécifiques, propres à une discipline ou à un métier – par exemple, être capable de mémoriser et décrire une procédure d'urgence, pour le concours de sapeur-pompier.

Compétences générales et compétences spécifiques ne sont pas totalement séparées, elles se complètent. Et le meilleur moyen de les évaluer, c'est la performance réalisée lors d'un examen ou d'un concours… ou sur le terrain. Mais comme on ne va pas créer des accidents ni allumer des incendies à tout va, la solution des concours et examens a été jugée préférable…

Votre profil (1) : savoir-faire et savoir être à développer

Votre profil, ce n'est pas votre portrait, mais juste une épure : vos caractéristiques remarquables, dans vos façons d'être, de faire, de dire, comme dans votre utilisation de ce que vous avez appris par l'école et l'expérience. Ce n'est donc pas, ou pas seulement, votre niveau d'études ou votre filière de baccalauréat.

Par exemple…

On peut parler d'un « profil TIC » (technologies de l'information et de la communication), ou d'un « profil langues », ou encore d'un « profil formation continue » (pour quelqu'un qui a construit son parcours en commençant par le travail puis en revenant à la formation).

Il y a de l'artiste et de l'artisan en chaque être humain qui pratique vraiment le « métier de vivre », et il faut être conscient de ce profil qui est le vôtre afin de le perfectionner. Voyons comment procéder.

L'art de la présence… et de la présence d'esprit

Être là où on est, être soi, cela paraît simple… mais ne l'est pas.

Regardez : celui-là, à votre droite, est en train de téléphoner, cet autre résonne sous son lecteur MP3, et vous… vous agitez votre pouce droit avec fièvre pour un indispensable texto-minute. Les corps sont là, se posent et s'imposent, mais les personnes évitent d'y être, comme si quelque chose les dérangeait dans leur ping-pong : « T'es où ? Et toi t'es où ? T'es là ? Ah t'es ici… »

L'art de la présence commence par dire « off » à son téléphone une heure par jour pour réapprendre à respirer, exister, regarder par soi-même, seul, en liberté. À partir de là, on peut être présent, observer, rire et sourire, partager et même penser.

Mini-test : une heure de rien

Réservez-vous une heure de rien et allez vous poser dans un café inconnu ou sur un banc d'un quartier inhabituel pour vous.

Et là, regardez, observez ce qui se passe… Peut-être que quelqu'un vous parlera ; que ferez-vous, alors ? Que direz-vous ? Et au fait, vous vous sentez comment, en liberté ?

Ce mini-test n'a l'air de rien ; il est destiné à un premier ré-apprentissage : être là où est son corps. Après tout, le jour de l'examen, à l'écrit comme à l'oral, ce sera bien comme ça ; et vous aurez à puiser dans vos ressources propres pour répondre à une question ennuyeuse, vous sortir d'un piège. Alors, réapprenez à devenir attentif aux signes de l'extérieur et à votre propre état intérieur, pour être, comme disent les Indiens Navajos sur « la voie de l'harmonie ».

L'art de se présenter

L'art de se présenter coule de source, dès que la présence est acquise : alors on sent à qui on a à faire, et on sait qui on est, comment on apparaît à ce quelqu'un devant nous, donc on s'ajuste bien.

En résumé, et pour synthétiser d'une formule à trois temps, il s'agit de :

- analyser son image ;
- s'efforcer de l'améliorer et/ou de la faire varier (et l'on ne cesse pas d'exister pour autant) ;
- l'adapter à son public.

L'art de communiquer

Encore une conséquence de ce qui précède : on s'exprime avec plus d'aisance si on considère la (ou les) personne(s) en face de soi comme digne(s) de faire partie de son monde, et pas seulement comme un paysage nécessaire.

Mais il y a aussi des dispositions de caractère : on va plus facilement vers des gens qui sourient, qui regardent autour d'eux ; il y a le physique : un type énorme, à carrure de boxeur et air patibulaire peut être sensible et avoir un cœur d'or… mais cela ne saute pas forcément aux yeux de ses voisins de train ! À lui donc, d'y veiller. À l'inverse, les petites dames toutes mignonnes peuvent se révéler de redoutables teignes… là, c'est à vous d'y penser (sans sexisme…).

Cela dit, même pour soi, on ne sait pas tout d'emblée, et il est parfois nécessaire de s'améliorer :

- dans l'expression écrite et orale, selon les sujets, les personnes, les situations ;
- dans le fait d'être sûr de soi, mais ni trop, ni trop peu (cf. fiche 13) ;
- dans la capacité à engager une action et à s'engager : prendre la parole, produire un écrit, en tenant compte de la situation présente.

L'art de se souvenir

Un art, la mémoire ? Eh bien oui. On n'a pas toujours ses papiers, ses fichiers, ses répertoires d'adresses et de numéros. En plus, la mémoire sert de socle à l'improvisation quand il le faut.

Mais faut-il se souvenir de tout ? Non bien sûr, et d'ailleurs on n'y arriverait pas.

Mémorisation = sélection + valorisation

Pratiquer la mémorisation active, c'est choisir ce que l'on va garder. Quelquefois, notre être émotionnel choisit à notre insu, c'est comme ça que des moments restent gravés (bien plus fort qu'une photo !) ; pour un examen ou un concours, il vaut cependant mieux choisir :

- les éléments essentiels d'un cours ;
- les grandes dates d'histoire ;
- les bases de la géographie, par domaines.

Car choisir, cela signifie aussi classer.

Par exemple, en géographie, on peut distinguer par pays, par continents, par types d'approches (géographie physique/humaine/économique).

On peut aussi se servir de moyens mnémotechniques, même si ce doit être pratiqué avec doigté : tout le monde connaît le *Mais où est donc Ornicar* (mais, ou, et, donc, or, ni, car : conjonctions de coordination, en grammaire)… sans toujours éviter les erreurs orthographiques sur ou/où, et/est/ait/es/ais/ai !

Donc, choisissez plutôt ce que vous voulez mémoriser puis (par exemple) placez-le sur une mélodie que vous aimez et… chantez-la souvent.

L'art de décider ou d'agir

« Puisque c'est comme ça, je… », et les noms d'oiseaux fusent, les portes claquent, les révoltes grondent ; chacun a raison, bien sûr, et porte en lui le besoin féroce que l'autre ait tort. Mais décider, ce n'est pas cela.

Décider nécessite de se poser dans un coin tranquille et de poser devant soi son problème, le choix à faire, avec les « plus » et les « moins » de part et d'autre.

De même, agir ne consiste pas à se jeter dans la mêlée pour en finir (mais « en », c'est quoi ?) ; agir, c'est commencer par écouter votre cœur battre, avec vos émotions, vos débats, vos rages ou douleurs, éventuellement. Pour écouter, il faut du silence ; ou alors des sons assourdissants qui font écho chez vous et provoquent l'extraction d'un essentiel bien à vous… mais qui n'est pas forcément votre choix conscient.

En bref, il vous faut :

- du courage pour décider (affronter de la solitude) ;
- de la persévérance pour appliquer sa décision (ne rien lâcher).

Et cela même si les coups de tête (pour ne pas dire les « coups de boule »), les coups de sang et les coups de cœur sont à la mode. Cela paraît spontané… mais c'est juste la mémoire oubliée qui revient au galop.

L'art de créer

Créer, c'est à la fois faire, être et composer : on peut (on doit !) créer du bonheur. On peut aussi créer une entreprise, du groupe de musique à l'équipe de football, en passant par la micro (ou méga) entreprise de services. Créer quelque chose qui existe au-delà de soi suppose plusieurs conditions :

- bien observer pour saisir où sont les besoins, les manques dans tel domaine, tel segment économique, tel lieu ;
- bien s'écouter pour savoir ce qu'on veut, et de quoi on est capable ;

• bien mesurer les intérêts et les risques à prendre en commençant par tester son idée géniale.

Et c'est ainsi qu'on se met en état de prendre des initiatives positives et d'apporter des innovations.

L'art de lutter

Parfois, il faut lutter, car tout n'est pas donné sur un plateau, comme à l'hypermarché. D'ailleurs, à l'hyper, tout n'est pas donné, même si ça en a l'air. Et puis, on a le droit d'avoir des exigences d'un niveau supérieur à celui de l'hypermarché des métiers et des réalisations. Alors, il faut se préparer à tracer son chemin, à surmonter les difficultés, à trouver les ressources nécessaires.

Pour les échecs – qui n'en a jamais connu n'est pas humain –, il faut savoir les analyser et en tirer des expériences positives pour l'avenir.

Mini-test : face à l'échec

Chut ! Un moment de paix : pensez à une situation qui a été un échec pour vous (personnel et/ou professionnel, scolaire, etc.) et posez-vous ces trois questions :

– Si j'avais réussi, qu'est-ce que j'aurais eu ?

– Qu'est-ce que j'aurais perdu ?

– Et maintenant, comment je peux dire mon échec avec d'autres mots ?

Par exemple…

Caro n'a pas réussi le concours d'entrée dans l'école de cinéma qu'elle voulait intégrer. « Pourtant, se dit-elle petit à petit…

– Si j'avais réussi, j'aurais été en contact avec des gens super-doués ; je le suis moi aussi, mais je n'ai pas su le montrer ;

– J'aurais perdu l'occasion de me rendre compte que j'ai encore à me perfectionner et que je n'ai pas complètement choisi entre filmer les autres et être avec eux ;

– Mon échec à cette école, c'est une occasion de vie supplémentaire avant de faire un choix. Et peut-être que je n'ai pas envie de quitter tout de suite mon petit cocon… »

L'art d'apprendre

Apprendre, c'est répéter ? Mais répéter quoi ? La table de multiplication, d'accord… mais les calculatrices nous en dispensent. Et répéter les erreurs, non merci !

L'art d'apprendre, c'est plutôt l'art de dire avec ses propres mots ce qu'on a reçu des autres. Cela s'appelle aussi *assimiler, intégrer.*

Au fait, vous savez quoi ? On va faire tout de suite un bilan de vos savoirs. Bilan personnel, bien sûr, chacun de son côté.

Votre profil (2) : savoirs à intégrer

Mais quels savoirs ? Savoirs académiques ou savoirs utiles : en fait il faut les deux. Et les savoirs académiques, dits de culture générale, sont eux aussi des savoirs utiles : avec eux, on a davantage de bases, que l'on appelle des « implicites partagés » pour communiquer. Eh oui, on se cultive pour être avec les autres et on se cultive avec les autres. On se cultive avec les autres du passé et les autres du présent.

Être cultivé, c'est faire dialoguer le passé et le présent.

Alors, où en êtes-vous de vos savoirs ? Prenez le tableau ci-dessous : il vous servira à faire le point, puis à marquer votre progression au fil des semaines.

Test : évaluation de mes savoirs

Prenez une feuille et, pour chaque rubrique, citez au moins un nom et une date (sans vous tromper, bien sûr ; vérifiez ensuite ou faites vérifier) : l'échelle va de 1 à 4.

Doublez votre score pour passer d'un niveau à un autre.

Enfin, comparez-vous avec les autres. Pour cela, faites la même chose, mais sous forme de jeu de société (ou de jeu télévisé si vous adorez les médias).

Domaines \ Niveau	0	1	2	3	4
Actualité					
Littérature					
Arts					
Médias					
Histoire					
Géographie					
Économie					
Droit					
Questions sociales					
Politique					
Vie internationale					
Sciences					
Techniques					
Niveau général					

0 = néant, je dois être nul(le).

1 = j'ai quelques notions.

2 = j'ai des connaissances.

3 = j'ai un bon niveau, je peux mieux faire encore.

4 = je suis très fort, je vais continuer.

Corrigé

Avez-vous conscience de vos savoirs ? Quelquefois, on se qualifie de « nul » un peu vite ; en fait, on ne sait pas rassembler et mobiliser ses connaissances pour les rendre utilisables. Donc, si vous vous êtes placé en niveau 0 ou 1, reprenez un manuel scolaire ou une encyclopédie pour les matières telles que l'économie, la géographie, les sciences et techniques, et pointez ce que vous saviez déjà ; pour ce qui est des rubriques du haut du tableau, d'« actualité » jusqu'à « médias », pensez bien qu'il ne s'agit pas uniquement de citer des faits, des anecdotes, mais de leur donner du sens, en les rattachant à un contexte ; revoyez donc vos évaluations.

La confiance en soi

Confiance

Ce mot d'origine latine, *confidentia (*il a donné aussi *confidences)* signifiait également « foi » et « espérance ferme » en ancien français.

Ses antonymes :

- défiance ou méfiance ;
- anxiété, crainte, doute, suspicion.

On ne peut que réfléchir sur le bon usage de la confiance dans la vie quotidienne, les affaires, les relations humaines… et par rapport à soi. Car la confiance s'applique autant aux autres qu'à soi :

- aux débuts du capitalisme (XVe siècle) et de la monnaie dite *fiduciaire* (c'est-à-dire fondée sur la confiance, ce qui est le principe du chèque), les marchands internationaux, en relation avec les grands navigateurs, ne traitaient qu'avec des gens de confiance ;
- il en va de même aujourd'hui dans la vie d'une entreprise ou de n'importe quelle structure. Devenir quelqu'un « de confiance », c'est bien, non ? Et cela commence par la confiance en soi.

Avoir confiance en soi

La confiance en soi est la clé d'une existence harmonieuse et équilibrée. Encore faut-il qu'elle soit bien dosée…

- Un excès de confiance peut devenir de la vanité, de la présomption. Ce qui mène à l'égoïsme – insupportable aux autres –, et donc à la bêtise.
- Trop peu de confiance en soi crée la fragilité, le doute permanent, destructeur de la réussite personnelle, et fardeau pour l'entourage.

La confiance en soi bien mesurée exige la connaissance de soi, de ses limites comme de ses capacités. Et le sentiment que chacun peut et doit pallier ses carences et optimiser ses qualités.

Oui mais... comment ?

- S'apprécier pour être apprécié : ce que je suis ; ce que je sais ; ce que je suis capable de faire. Notez, il y a sûrement pas mal à dire :

  ....

  ....

- Refuser de se laisser dévaloriser : ne jamais accepter de se laisser qualifier (« égoïste », « agressif », « nul »…) comme une chose ; répondre en demandant : « À quoi tu vois ça ? » Sans réponse valide, rejeter le tout.

  ....

  ....

- Et pour se renforcer, se rappeler une situation analogue et imaginer sa réponse ; on peut même la noter noir sur blanc :

  ....

  ....

- Accepter les critiques, pourvu qu'elles soient bienveillantes et justifiées (et non pas fondées sur la haine ou le mépris).

Test : moi... et ma confiance en moi

Une simple petite question à laquelle vous devez répondre spontanément en rayant les mentions inutiles :

Quand on vous critique :

- ☐ vous réexpédiez la critique à l'envoyeur immédiatement et violemment ;

☐ vous ne dites rien et vous faites la tête les jours suivants ;

☐ vous ne dites rien et allez pleurer dans votre coin ;

☐ vous répondez tranquillement : « Ah bon ? Et comment tu sais ça ? » ou bien : « Comment pouvez-vous dire cela ? »… et vous pouvez même ajouter que vous ne croyez pas les affirmations sans preuves sérieuses ; vous réservez votre énervement ou votre tristesse pour plus tard.

> Vous l'aurez sans doute compris, la dernière solution est celle qui manifeste le plus votre confiance en vous-même :
> - vous ne vous laissez pas déstabiliser (car répondre agressivement, c'est justement montrer qu'on est déstabilisé et atteint) ;
> - vous exigez des justifications vraies (et pas seulement des mouvements d'humeur ou d'autorité) ;
> - vous êtes capable de le faire avec le langage qui convient à la personne et à la situation ;
> - vous êtes assez fort pour attendre avant de laisser aller vos émotions (et là, vive le punching-ball, le blog, les amis…).

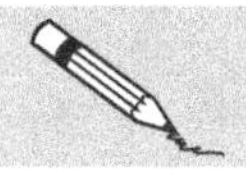

S'entraîner

Apprendre à argumenter

Il y a dans la vie réelle mille et une occasions d'apprendre à mieux argumenter, que ce soit en politique ou dans les forums, les *chats* Internet.

Programmer vos acquis futurs

Pour développer vos compétences et vos savoirs, un minium de programmation s'impose, sinon, vous risquer d'« emballer le moteur », c'est-à-dire de vous épuiser et de vous décourager. Ce serait dommage.

Voyons cela en trois temps successifs…

Les conditions de base : vous, votre parcours

Votre formation en français
(listez ce que vous avez fait, ce que vous savez encore) :

Votre culture et vos lectures
(listez ce que vous avez fait, ce que vous savez encore) :

Vos objectifs

Surlignez ceux qui vous semblent prioritaires :

- améliorer ma capacité de présentation (personnelle et/ou professionnelle) à l'oral ;
- produire de bons écrits ;
- savoir argumenter ;
- expliquer ;
- raconter.

L'objectif final étant d'accomplir de bonnes performances, à l'écrit comme à l'oral.

Vos entraînements fondamentaux

Test : mes entraînements fondamentaux

1. M'exprimer et communiquer :

   ☐ quand je raconte un film, je sais dire où ça se passe, qui sont les personnages, quelle est l'intrigue et comment ça se termine.

   ☐ ou alors, je dis dans le désordre, je mime, j'essaie de capter l'attention des auditeurs par tous les moyens.

2. Mobiliser mes connaissances et mes idées :

   ☐ quand quelqu'un prononce un mot-clé, par exemple dans une conversation, dans les transports, à la télévision, est-ce que des idées me viennent ?

   ☐ ou est-ce que je me sens complètement vide ?

3. M'intéresser à tout, me documenter :

   ☐ Oui, bon, d'accord, mais je ne lis que *L'Équipe* et encore, pas tout…

   ☐ Pas question de me laisser embêter avec des philosophes (ou : des sciences, ou autre) !

1. M'exprimer et communiquer :

Même si la seconde solution est drôle, c'est la première qu'il faut cultiver ; et le test de réussite, c'est quand on arrive aussi à être drôle avec des mots en ordre (c'est ce que font les humoristes et les faiseurs de sketchs).

2. Mobiliser mes connaissances et mes idées :

S'entraîner à associer des idées, mais aussi des exemples, voilà qui est positif et peut constituer un premier entraînement. Si on se sent vide… c'est qu'on ne l'est pas ; on est occupé, notre espace mental est occupé par autre chose – mais quoi ? Essayez de voir ce que c'est (personne ne peut le faire à votre place…).

3. M'intéresser à tout, me documenter :

Voilà qui commence bien… Mais dans *l'Équipe*, il y a tout, des phrases bien écrites, des nouvelles du monde, de la géographie. Arrêtez donc de ne regarder que les scores de vos équipes favorites ! Et, pour les philosophes, n'oubliez pas qu'ils sont souvent été aussi mathématiciens. Ils exagèrent ? Vous aussi.

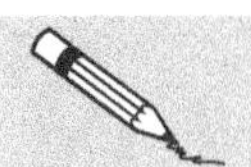

S'entraîner

Quelques idées…

Pour mieux vous exprimer et communiquer :

- prendre l'habitude de « traduire » vos propos en français soutenu, avec des phrases complètes ;
- enrichir votre vocabulaire en cherchant des synonymes aux mots que vous employez (avec l'aide d'un dictionnaire des synonymes, que vous trouverez facilement en collection de poche) ;
- perfectionner votre capacité à raconter un fait, un événement, en prenant l'habitude de bien le situer (lieu, temps), préciser les protagonistes, formuler l'intrigue, dire les péripéties, puis le dénouement.

Pour mobiliser vos connaissances et vos idées :

- renouer avec les jeux de société testant les connaissances ;
- suivre les émissions de télévision de même type ;

– vous entraîner avec la presse (papier, Internet, TV) en notant un mot-clé par jour puis en notant tout ce que vous savez sur ce thème. Par exemple : Moyen-Orient, Jeux olympiques, urbanisation…

Pour vous intéresser à tout et vous documenter :

– chercher à compléter vos savoirs dans des manuels scolaires, des encyclopédies ou sur Internet (mais en contrôlant bien vos sources : une recherche menée exclusivement sur Wikipédia n'est pas une recherche…) ;

– sélectionner et noter les thèmes que vous détestez ou qui ne vous intéressent pas du tout… et justement, faire une petite fiche dessus ;

– retrouver les sujets de devoirs (en classe, en formation continue) où vous avez excellé et voir ce que vous pourriez ajouter ; faire de même avec les devoirs qui n'ont pas été réussis.

Rentabiliser tous vos acquis : fiche de lecture, fiche de vie

Vous avez sans doute déjà votre méthode personnelle pour prendre des notes et pour établir une fiche de lecture sur un ouvrage. Voici de quoi la perfectionner...

Ajoutons une petite chose essentielle : vous pouvez (et vous avez intérêt...) à mettre en fiches tout ce que vous avez appris, pas seulement dans les livres, mais aussi dans la vie : un stage, une rencontre, une visite, un emploi d'été, etc., tout cela peut être rentabilisé, et réfléchi à travers une mise en fiche.

S'organiser

La méthode IMAGES

La méthode images vous invite à traiter les six points suivants :

I : Identification de l'ouvrage... ou de la situation et des personnes ;

M : Matière (domaine, objet, contenu...) ;

A : Analyse (et appréciation personnelle) ;

G : Graphie (écriture, style, présentation...) ;

E : Évolution ;

S : Suites à donner.

Identification de l'ouvrage

- Titre ;
- éditeur ;
- date de publication (1re édition - et rééditions éventuelles) ;
- auteur (si besoin est, faire ensuite une fiche complète sur l'auteur).

Matière

Les principaux éléments qui doivent être caractérisés sous cette rubrique sont les suivants :

- le genre (= catégorie d'œuvres définie par des objectifs, des lois et des caractères communs) ;
- la thèse (ce que l'auteur veut démontrer), les thèmes essentiels de l'ouvrage ;
- éventuellement, le public auquel il s'adresse.

Analyse et appréciation

Vous pouvez écrire quelques notes sur les points suivants :

- la construction de l'ouvrage (plan, ou sommaire et table des matières) ;
- le contenu (points essentiels, notes particulières s'ils font partie d'un programme d'examen et concours) ;
- impressions générales (vos premières réactions à la lecture) ;
- appréciations personnelles (sur l'ouvrage et sur les principaux thèmes traités).

Bien noter les éléments prioritaires à retenir pour les présenter éventuellement dans une composition écrite, ou au cours d'une épreuve d'entretien avec le jury.

La graphie de l'ouvrage

Sous cette rubrique peuvent être rassemblés quelques éléments classiques de la critique littéraire, notamment vos appréciations sur le style de l'auteur.

Des appréciations particulières doivent être portées s'il s'agit d'une édition d'art, ou d'un ouvrage technique (présentation générale, caractères d'imprimerie, lisibilité, qualité des tableaux et graphiques…).

Évolution depuis sa publication

- S'il s'agit d'un ouvrage déjà ancien, réfléchir sur les grands traits de l'évolution historique, et chercher quelle peut être la valeur actuelle de cet ouvrage.
- S'il s'agit d'un ouvrage récent, traitant de problèmes d'actualité, il faut examiner dans quelle mesure l'évolution des derniers mois ou des dernières années donne raison (... ou tort !) à l'auteur.

Les suites à donner

- Dois-je continuer à exploiter cet ouvrage ?
- Quelles lectures complémentaires dois-je effectuer ?
- Quels travaux s'imposent en fonction des divers centres d'intérêt ?

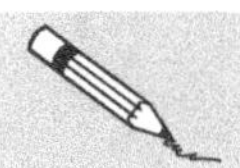 *S'entraîner*

La méthode IMAGES

Prenez un livre de votre choix, qui vous a marqué, qui vous a plu, ou pas…
Traitez les six points de la méthode IMAGES.

Une page devrait suffire… sinon, faites plus long. C'est à vous et c'est pour vous.

La mémoire

Qu'est-ce que la mémoire ?

La mémoire n'est pas (ou en tout cas pas seulement) un outil mécanique : elle est liée à l'intelligence et à l'affectivité.

Les recherches sur la mémoire ont montré qu'elle croît et se forme tout au long de l'enfance et de l'adolescence, et qu'elle s'organise en relation avec la pensée, les sens et les émotions, la personnalité toute entière, et, de façon plus générale avec le vécu personnel.

Vous avez tous remarqué que des événements en apparence anodins sont restés gravés dans votre mémoire, ce qui signifie qu'ils se rattachent fortement à vous-même, à vos émotions, votre vécu. C'est, par exemple, la fameuse madeleine de Proust.

Bon à savoir

La mémoire est fondée sur tous les sens, mais on constate plus particulièrement une mémoire visuelle et une mémoire auditive (images ou langage). Selon les individus, la mémoire sera à dominante visuelle – plutôt images – ou encore à dominante auditive – plutôt langage. Il semble pourtant que la dominante visuelle soit la plus fréquente. C'est pourquoi l'organisation visuelle d'un texte écrit est très importante : des paragraphes clairs, aérés, avec des titres et des mots-clés bien placés, ou répétés.

De plus, on s'est aperçu que la mémoire, comme la perception, était traversée d'imaginaire : si vous ne voyez ou n'entendez qu'une partie d'un objet, ou d'un discours, vous avez tendance, naturellement, à compléter ce qui manque, en fonction de ce que vous avez dans la tête (ou le cœur).

La mémoire, ça s'améliore...

- En prenant l'habitude de mémoriser dans la vie quotidienne, un parcours, des noms, des informations et leurs références (vie quotidienne et lecture de la presse ou d'Internet).
- En associant systématiquement une information / une image.
- En redisant les choses d'une autre façon, celle qui nous plaît, avec nos mots.

Test : ma mémoire

Citez une date, un lieu, votre émotion dominante ou votre état d'esprit lors de... :

1. Votre entrée à l'école, le 1er jour : ....

2. La chute du mur de Berlin : ....

3. L'entrée en vigueur de l'euro en France : ....

Test : mémorisation d'un ouvrage

Le livre dont vous avez fait la fiche de lecture... sans le regarder, sans reprendre votre fiche, complétez le questionnaire ci-dessous :

1. L'ouvrage

Titre : ....

Nom de l'auteur : ....

Collection, ouvrages voisins : ....

Et, le cas échéant, le courant de pensée dans lequel l'ouvrage s'inscrit, et ses suites : ....

2. Le temps écoulé

Date de l'ouvrage : ....

Date de la lecture : ....

Faudrait-il actualiser ?...

3. Rappel du contenu

Les problèmes en cause : ....

La structure de l'ouvrage : ....

Ce que j'en ai retenu : ....

4. Mes intérêts personnels

Pourquoi ai-je lu cet ouvrage ? ....

Quelle en a été l'utilité ? ....

Quand ai-je eu ou aurai-je l'occasion de parler de cet ouvrage ? ....

Comment puis-je mieux en tirer parti ? ....

5. Ma réflexion critique et prospective

Revoir l'évolution des problèmes : ....

Ma position personnelle : ....

Quelle est la portée actuelle du texte ? ....

Quelle pourra être son influence précise ? ....

6. Question stratégique

Quels sont les commentaires qu'un jury attendrait de moi ? ....

Qu'est-ce que j'aurais envie de dire ? ....

7. Prévention des pièges éventuels

Quelles questions pièges un jury pourrait-il me poser à propos de l'ouvrage ?
....

Et à propos de l'auteur ? Et de son contexte ? ....

Si je dois parler de ce livre, quels sont les divers types de pièges que je dois
éviter tel que je suis, avec la personnalité que j'ai ? ....

L'écriture et la vie...

Bien entendu, vous savez déjà écrire, on vous a appris, vous savez, ça suffit. Cela n'a pas toujours été drôle, mais maintenant, l'outil d'écriture est à vous. Il faut continuer, pourtant, à travailler cet outil…

Et ça n'est pas triste. C'est valorisant, vous allez encore faire mieux.

Mais certains n'y croient pas : les forums, d'accord, les blogs, mais avec beaucoup de photos, la lecture, quand c'est obligatoire – mais l'écriture, en dehors des devoirs et des examens ? !

Pourquoi et comment apprendre,
ou réapprendre à écrire ?

La question est provocatrice : vous faites ça depuis (presque) toujours ! Et ça ne suffirait pas ? Peut-être faut-il prendre l'affaire autrement :

- écrire n'est pas une obligation mais une belle invention et une chance ;
- l'homme existe depuis des millions d'années, il parle depuis trente mille ans environ, il a commencé à écrire il y a six mille ans à peine (et encore, pas tout le monde) et ce fut une révolution technique.

Si ce n'est pas une invention et une chance, c'est quoi ? Enfin on pouvait garder des traces, aider la mémoire, on pouvait aussi, du coup, graver ses chansons d'amour et d'espoir, raconter des histoires qui ne s'éteindraient pas avec le dernier barde ou le dernier guerrier vaincu…

Les objectifs

- Écrire juste et bien, en toutes circonstances.
- Faire de bons devoirs.
- Avoir une pratique variée de l'écriture personnelle…

Les moyens

- Écrire, bien sûr !
- Écrire sur son blog, sur des forums.
- Développer une correspondance personnelle et professionnelle.
- Retravailler ses devoirs pour les améliorer.
- Respecter les règles de la langue française, même en parlant.
- Cultiver des idées personnelles à exprimer.
- Se constituer une bonne base documentaire :
  - livres scolaires pour la grammaire, la conjugaison, l'orthographe,
  - romans, nouvelles pour la ponctuation,
  - presse pour la mise en page…
- Appliquer des techniques :
  - écoute de soi (idées, émotions),
  - dialogue avec le sujet posé,
  - formulation des idées,
  - et exemples,
  - recherche d'un plan,
  - et aussi… pastiches de ses textes préférés (articles, débuts de romans, etc.)

 *Réussir*

Mieux écrire

En se connaissant, en s'intéressant au monde et pas seulement à soi, en réfléchissant à l'avenir.

Test : mes occasions d'écrire

Cochez d'une croix pour compter vos occasions d'écrire…

1. Votre dernier écrit libre, c'était…

☐ Une lettre ou un e-mail personnel

☐ Une lettre professionnelle

☐ Un écrit plus long (compte rendu, récit, autre) à citer :

....

2. Et c'était il y a…

☐ Moins d'une semaine

☐ Ouh la la… déjà presque un mois

☐ Plus d'un mois

☐ Autre : ....

3. Votre dernier écrit avec un sujet contraint, c'était…

☐ Une dissertation

☐ Un commentaire

☐ Une analyse de texte

☐ La réponse à des questions

☐ La résolution d'un problème

☐ Autre : ....

Plus vous écrivez, mieux c'est !

Corrigé

Préparer les situations d'oral

Dans le cadre d'un examen ou d'un concours, l'oral a plusieurs buts :

- compléter l'écrit en le confirmant (ou en l'infirmant) du point de vue des savoirs et des compétences ;
- permettre au candidat de manifester sa capacité à parler d'un texte, d'une question, à en saisir les subtilités, à les transmettre, à en débattre ;
- faire la preuve d'un intérêt réel pour le monde extérieur, d'une aptitude à l'écoute, au dialogue, d'une culture générale vécue, de capacités d'adaptation.

L'oral est donc aussi une épreuve de personnalité.

 *Réussir*

Ce que l'on attend de vous

Une attitude ferme, dynamique et détendue.

Une voix bien posée, au débit ni trop pompeux, ni trop rapide.

Des capacités de réaction, de réflexion et de remise en cause.

Une capacité à ne pas se laisser démonter par tel ou tel comportement du jury (sans être arrogant ni agressif, évidemment).

Test : l'oral et moi

Reprenez la fiche 3, vos « plus » et vos « moins », revoyez-la, corrigez ce qu'il y a à corriger (car vous avez pu évoluer) et faites-en un exposé oral en vous enregistrant, et si possible en vous filmant.

Comment vous sentez-vous durant cet exposé :

☐ passionné (agressivité ou « ras-le-bol »…)

☐ un peu détaché

☐ soucieux d'être cru

☐ autre (à formuler) ....

Corrigé

Il faut travailler ces trois niveaux que sont l'attitude extérieure, le ressenti intérieur et la formulation, jusqu'à ce que vous vous sentiez posé, à l'aise, en accord avec vous-même, sans fausse note.

Vos gestes durant cet exposé sont-ils larges, amples, ou au contraire, très retenus, voire inexistants ? Ils seront perçus comme des indices de votre état intérieur, comme la « preuve par les nerfs » de ce que vous êtes en train de dire.

Enfin, pensez à votre visage. Vous devez vous connaître, au moins un peu : avez-vous un visage très mobile (pouvant être interprété éventuellement comme nerveux) ou au contraire un peu hiératique (pouvant être interprété comme fermé) ? Demandez à vos amis et collègues…

Réussir

Attention, danger !

Si, à l'oral, vous êtes facilement impulsif, voire familier, veillez à adopter un langage plus soutenu (sans pour autant pontifier, ni faire des manières).

Veillez à la clarté et à la correction de votre langue française. Style relâché, négligences, erreurs ne sont pas acceptables et vous pénaliseront.

N'oubliez pas que vous serez étiqueté tel que vous parlez, apparaissez, êtes perçu (à travers tout ce qui est d'ordre non verbal) durant soixante minutes. Et qu'il n'y a pas d'oral de rattrapage !

Gérer l'émotivité

L'émotivité excessive est un handicap éprouvant, qui disqualifie d'autres qualités et risque de dévaloriser l'ensemble de la prestation orale. Que faire, si, malgré tous vos efforts, cette émotivité risque de transparaître encore ?

- **Avant l'oral** : voir ce qui motive cette émotivité jugée excessive, gênante, au besoin avec un homme de l'art ; le plus souvent, chacun est parfaitement conscient de la source de son émotivité : peur que sa culture générale ne soit pas suffisante, sentiment d'être trop peu diplômé (ou quelque autre indignité plus obscure), conscience d'autres lacunes (langage, motivations, cursus, etc.). Le mieux est de se placer face à ce sentiment d'insuffisance et de le traiter, par la persuasion (la fameuse méthode Coué !) mais aussi par la remédiation (améliorer son langage, sa culture générale, s'entraîner à parler en public…).
- **En situation d'oral** : avant de se laisser déborder par l'émotivité, réagir le plus vite : faire halte, sourire. Ce sourire détend tous vos muscles et vous laisse respirer, dédramatiser.

Gérer la rigidité

La rigidité est le défaut inverse du précédent, et est la manifestation de craintes analogues. Les remèdes sont les mêmes que précédemment.

Les ratés de la communication…

Enfin, certains candidats ont des attitudes qui peuvent être mal perçues par qui ne les connaît pas : certains ne peuvent regarder en face la personne ou les personnes à qui ils parlent… et pourtant, il est important de le faire, le regard est un soutien du message verbal. Alors, entraînez-vous, et pensez à regarder les personnes à qui vous parlez. Pas toujours les mêmes, bien sûr. Vous pouvez certes repérer ceux qui vous semblent plus ouverts, mais ayez de temps à autre un regard balayant l'ensemble du jury, n'oubliez personne.

S'entraîner

Apprendre à parler de soi-même

Ce n'est pas toujours facile ! Pourquoi ne pas parler en termes d'étapes de votre vie ? Ce sera concret, vous pourrez alterner récit et leçon tirée de chaque étape, et ce sera vivant.

Vous pouvez revenir sur votre parcours en reliant les aspects objectifs (ce qui peut figurer sur une liste, mais aussi ce que vous allez composer à partir de votre réflexion sur ce parcours) et les aspects subjectifs, regroupant la façon dont vous avez vécu et vivez ce parcours.

Par exemple, selon un tableau de ce genre :

Dimensions objectives	Ma subjectivité
Scolarité	Attentes, espoirs
Autres établissements	Intérêts
Cursus scolaire	Difficultés
Résultats	Acquis

Prouvez que vous êtes le candidat idéal…

Ce petit jeu d'argumentation peut servir aussi bien pour un entretien professionnel en vue d'un recrutement que pour un oral de concours. Souvenez-vous nous en avons déjà parlé (cf. fiche 8).

Et pourtant, que de gens accomplissent de mauvaises performances en ce domaine ! Ils se diminuent ou se condamnent, au lieu de se mettre en valeur… Alors, voyons l'objectif à atteindre et les étapes à parcourir pour réussir, avec la bonne attitude.

– Objectif : démontrer une adéquation parfaite (ou presque…) entre votre personnalité, votre projet professionnel, et les besoins présents et futurs de l'entreprise ou du service.

– Attitude : adoptez au départ une démarche réflexive et responsable (cf. fiches 1 et 2), et une attitude positive incluant la confiance en soi.

– Étapes : il est nécessaire de vous interroger lucidement sur vos *motivations, vos façons d'être et votre image* (cf. fiche 3). Interrogez-vous aussi sur *qui est en face de vous* (quelle entreprise, qui fabrique ou vend tels produits ? Quel emploi visez-vous ? Devant quel type de jury vous exprimez-vous ?).

Maintenant que tout cela est plus clair, rédigez (ou expliquez à l'oral en vous enregistrant… et en améliorant après plusieurs écoutes) un argumentaire pour montrer ce que seront vos apports et vous valoriser en parlant de votre formation, vos expériences et vos projets *en relation avec les interlocuteurs et la structure où vous voulez entrer.*

Ainsi, au-delà des simples tests de capacité et de comportement, vous aurez prouvé que vous êtes vraiment *le candidat idéal.*

Évaluation

Bien sûr, composez ensuite un jury et qui pourra vous entendre. Attention ! Fuyez les jurys de complaisance qui ne vous apporteraient rien ; et fuyez tout autant les jurys de teignes.

Valoriser toutes vos expériences

Avoir de l'expérience, vivre des expériences

Qu'entend-on par là, au juste ?

Au singulier, « l'expérience » est en général liée à l'âge et/ou à la compétence dans un domaine précis ; au pluriel, « les expériences » renvoient plutôt à des moments de vie, tant au plan personnel, qu'au plan scolaire, universitaire ou professionnel.

Une expérience…

« Je ne voulais plus continuer mes études, j'en avais ras-le-bol, je me sentais à côté de la vie, et puis, avec mes parents, surtout mon père, ça n'allait pas fort. Alors j'ai décidé de partir : chercher un boulot pour pouvoir me payer un logement à moi. Mais je n'ai trouvé que de l'intérim, du nettoyage industriel (faire du ménage), et comme je ne voulais pas rentrer à la maison sur un échec, j'ai accepté. J'ai tenu un an : c'était dur, il fallait se lever tôt certains jours (travail entre 5 heures et 8 heures) et d'autres fois, travailler tard (19 heures-22 heures), adieu les soirées. Et tout ça pour un salaire qui disparaissait je ne sais pas comment. J'ai rencontré des gens extraordinaires, de tous les pays, avec des vies dignes de héros, ils, elles étaient gai(e)s, ils rendaient service ! C'est sûr, côté politique, musique, ou autre, on n'était pas forcément d'accord… mais chacun ses idées, après tout. Au bout de six mois, j'ai décidé de faire des économies pour après, reprendre des études par correspondance ; après j'ai repris contact avec mes parents… et me voici, à préparer ce concours. »

Des expériences…

« Avoir eu un prof aveugle : il a tourné vers nous son visage, a souri, et j'ai pensé que jamais je ne ferai de chahut en cours avec lui. »

« Pendant tout un été j'ai servi de tuteur à un groupe d'étudiants chinois venus dans ma ville pour apprendre le français ; avec eux, j'ai découvert un autre monde, et j'espère qu'ils ont appris autant avec moi que j'ai appris avec eux. »

Valoriser l(es) expérience(s)

La VAE, valorisation des acquis de l'expérience, est depuis une dizaine d'années une formule possible pour obtenir tout ou partie d'un diplôme universitaire sur la base d'un dossier personnel (renseignements à l'université la plus proche de chez vous ou sur Internet). Cela montre bien que notre société est maintenant prête à accueillir des expériences diverses… pourvu qu'elles aient été transformées en compétences, donc réfléchies.

La première chose à faire pour valoriser ses expériences : les rappeler et réfléchir à leur sujet. C'est ce qui vous est proposé à travers ce tableau à compléter.

Ensuite, il faut évidemment apprendre à en parler : donc à vos micros…

	Date	Étapes	Acquis et atouts à valoriser
Vie scolaire et universitaire			
Activités associatives			
Séjours à l'étranger			
Stages			
Vie personnelle			
Voyages			
Relations			
Sport			
Art			
Activités associatives			

	Date	Étapes	Acquis et atouts à valoriser
Vie professionnelle			
Emploi			
Stages			
Formation continue			
Synthèse			**Acquis essentiels**

Test : mes acquis de l'expérience

1. Qu'ai-je appris de nouveau et dans quels domaines ?

   ☐ Culturel : ....

   ☐ Technique : ....

   ☐ Relationnel : ....

2. Qu'ai-je perfectionné et dans quels domaines ?

   ☐ En moi : ....

   ☐ Dans l'exercice de ma profession : ....

   ☐ Dans mes relations aux autres : ....

3. Que puis-je faire encore ?

   ☐ Tirer de nouveaux profits de cette expérience

   ☐ Engager d'autres expériences

Test : valoriser un stage

Beaucoup de lycéens et d'étudiants ont eu l'occasion d'effectuer des stages brefs au cours de leur scolarité, et parfois des stages de longue durée.

Êtes-vous capable de valoriser cette expérience au cours des entretiens d'embauche ou de la conversation avec un jury ?

Avez-vous pensé à en retirer les éléments les plus intéressants sur le plan intellectuel et sur le plan professionnel ?

Répondez d'abord par oui ou non aux quatre questions ci-après :

1. Avez-vous appris à appliquer des méthodes d'analyse ou enquête, dans la découverte d'une administration ou d'une entreprise ?

   ☐ Oui

   ☐ Non

2. Avez-vous participé à des travaux d'études ou de rédaction (documentation, recherche, publications) ?

   ☐ Oui

   ☐ Non

3. Avez-vous été « mis en situation » à un poste de travail (guichet, atelier, usine, classe, etc.) ?

   ☐ Oui

   ☐ Non

4. Avez-vous participé à un projet ou à des réalisations (fabrication, distribution, organisation d'une exposition ou d'un colloque…) ?

   ☐ Oui

   ☐ Non

Pour la seconde phase de ce test, expliquez et détaillez le contenu de chacune de ces expériences (par écrit ou à l'oral… réécoutez-vous pour perfectionner votre prise de parole).

Réussir

Lorsque vous parlez de votre parcours, il vous faut montrer à la fois…

– comment ces activités ont pu vous enrichir personnellement,

– comment vous avez pu apporter une première contribution à l'entreprise ou à l'administration dans laquelle vous étiez en stage,

– comment, en prenant du recul puis en effectuant une réflexion prospective, vous pouvez en profiter pour une *bonne insertion professionnelle*.

La vie associative

La même démarche peut s'appliquer à vos activités dans des *associations*. Il existe maintenant près d'un million d'associations, dans lesquelles près de trente millions de Français s'impliquent (…de façon plus ou moins active !) et acquièrent des compétences précieuses (dans les domaines du droit et de la gestion, mais aussi en termes de relations humaines et de développement personnel).

Ce type d'expérience peut être très valorisant pour les concours, par exemple ceux de l'administration scolaire et universitaire. Il est fréquent que les jurys tiennent largement compte de ces expériences, notamment au cours des entretiens professionnels.

Votre gestion du temps : le long terme

Le temps, c'est de la vie

Et si vous remplaciez le mot «temps » par le mot « vie » ? C'est ce que propose Jean-Louis Servan-Schreiber dans *L'Art du temps*[1] ? « Je n'ai pas le temps de… Je manque de temps pour… Mon emploi du temps est… »

Cela fait réfléchir, n'est-ce pas ? Et incite à bien employer son temps (sa vie), en choisissant ses activités, en les ordonnant en vue d'un but qui nous convient (cf. fiches 1, 2 et 3).

Du bon usage du temps

Beaucoup de gens croient (ou disent) travailler parce qu'ils sont devant un bureau, un ordinateur, un polycopié ou un établi ; en réalité, qu'ont-ils vraiment fait ? Cela dépend, car la quantité de travail produit n'est pas liée aux nombres d'heures passées, et sa qualité non plus. C'est pour cela qu'il faut se fixer des limites dans le temps. On est souvent meilleur dans l'urgence qui nous contraint à l'efficacité.

Alors, pourquoi ne pas le faire tous les jours ? Au lieu d'un semi-travail et d'un semi-repos, mieux vaut un vrai travail, puis un véritable repos !

---

1. SERVAN-SCHREIBER, Jean-Louis, *L'Art du temps*, éditions Fayard, 1983 ; voir aussi, du même auteur, *Le Nouvel art du temps*, éditions Albin Michel, 2000.

Test : le temps et moi

Répondez vite et sincèrement à ces questions.

1. J'arrive à l'heure à mes rendez-vous…

   ☐ Rarement

   ☐ Parfois

   ☐ Souvent

   ☐ Toujours

2. Je lis et je classe mon courrier…

   ☐ Rarement

   ☐ Parfois

   ☐ Souvent

   ☐ Toujours

3. Je fais en sorte de terminer mes travaux dans les délais…

   ☐ Rarement

   ☐ Parfois

   ☐ Souvent

   ☐ Toujours

4. Je ne me laisse pas distraire ou interrompre dans un travail…

   ☐ Rarement

   ☐ Parfois

   ☐ Souvent

   ☐ Toujours

5. Je réserve des plages de temps pour mes distractions et relations…

   ☐ Rarement

   ☐ Parfois

   ☐ Souvent

   ☐ Toujours

6. Je me tiens au courant des avancées technologiques qui font gagner du temps…

- ☐ Rarement
- ☐ Parfois
- ☐ Souvent
- ☐ Toujours

7. Mais je ne me laisse pas distraire par les gadgets…

- ☐ Rarement
- ☐ Parfois
- ☐ Souvent
- ☐ Toujours

8. J'ai appris à trier ce que je reçois et je le lis rapidement…

- ☐ Rarement
- ☐ Parfois
- ☐ Souvent
- ☐ Toujours

9. Je respecte le temps des autres…

- ☐ Rarement
- ☐ Parfois
- ☐ Souvent
- ☐ Toujours

10. Je veille à avoir un équilibre entre travail et loisirs…

- ☐ Rarement
- ☐ Parfois
- ☐ Souvent
- ☐ Toujours

11. Je ne me laisse pas noyer dans des tâches secondaires…

☐ Rarement

☐ Parfois

☐ Souvent

☐ Toujours

12. Je ne perds pas de vue mes objectifs à long terme.

☐ Rarement

☐ Parfois

☐ Souvent

☐ Toujours

Corrigé

À chaque fois que vous avez répondu « rarement », attribuez-vous 1 point ; « parfois » : 2 points ; « souvent » : 3 points et « toujours » : 4 points. Faites votre total.

De 12 à 24 points : il faut absolument apprendre à mieux rentabiliser votre temps. Vous pouvez et vous devez économiser sur des tâches peu productives, mais qui vous demandent souvent un énorme travail.

De 25 à 36 points : vous déployez sans doute beaucoup d'efforts pour bien employer votre temps, mais vous êtes encore assez loin du but. Il faut donc vous efforcer de vous améliorer.

De 37 à 48 points : vous utilisez bien votre temps. Soyez quand même vigilant à l'égard des améliorations encore possibles. Optimisez vos méthodes de travail. Dynamisez votre réussite.

Vers un emploi du temps bien pensé…

Vous êtes qui vous êtes, avec vos acquis et vos futures acquisitions. Revenez à la fiche 12, dans laquelle vous avez fait le point, et voyez les points sur lesquels vous avez à progresser. Si vous vous y prenez à l'avance, vous pourrez établir une organisation de vie toute neuve.

Pour ne pas vous laisser déborder par les aléas personnels et professionnels, construisez-vous *un plan d'action*. Ayez la sagesse rigoureuse de vous y tenir, en vous fixant un minimum à ne négliger sous aucun prétexte.

Réussir

Votre plan d'action

Votre plan d'action doit contenir :

– des *éléments mobiles* constitués des différentes matières à votre programme ;
– des *éléments fixes* qui seront les exercices intellectuels polyvalents de cet entraînement quotidien.

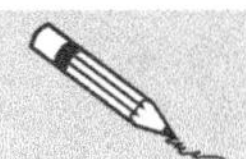

S'entraîner

Un entraînement quotidien

– au moins une page d'écriture libre,
– au moins un article de journal à lire pour en extraire l'idée dominante, ou les faits principaux, puis à reformuler (enregistrez-vous, vous pourrez vous réécouter…),
– au moins une page avec prise de notes après vos lectures.

Cet entraînement quotidien de votre culture générale et de votre intellect vous servira dans tous les domaines concernés par l'examen ou le concours, et il vous sera précieux pour votre développement personnel et professionnel.

Réussir

Trouver sa voie

Il n'y a pas de cas désespéré, chacun peut progresser.

Cependant, il faut veiller à sa bonne orientation (cf. fiches 1, 2 et 3) : on voit souvent des élèves médiocres, car non intéressés par ce qu'ils ont à faire, se révéler très performants dès lors qu'ils ont trouvé leur voie (un métier, une tâche, une entreprise dans laquelle ils se trouvent bien).

Bilan : vos compétences générales et spécifiques

Attention ! Ne vous contentez pas de répondre OUI ou NON ; donnez-vous des exemples.

Reprenez ce bilan tous les mois pour faire le point.

Compétences relationnelles

Je suis capable de prendre contact facilement avec : ....

Plus difficilement avec : ....

Je suis capable de comprendre les difficultés : ....

Je suis capable de chercher des solutions : ....

Je suis capable de valoriser qui en a besoin (y compris moi-même !) : ....

Compétences de décision

Je sais prendre une décision : ....

Je sais la motiver : ....

Je sais l'assumer : ....

Compétences pour occuper une fonction/ une place en école

Je suis capable de m'imaginer dans ma fonction/dans cette école :
....

Je sais m'en distancier : ....

Compétences d'animation

Je suis capable d'entraîner et de motiver une équipe : ....

Je suis capable de l'investir dans un projet : ....

Je suis capable de m'y investir moi-même : ....

Mes autres compétences

En établir la liste :

....

....

....

....

....

....

....

Compétences professionnelles et spécifiques

En établir la liste :

....

....

....

....

....

....

....

Il s'agit de prendre conscience de ce que vous savez faire et des progrès réalisés dans les différents domaines liés aux situations de concours.

Pour progresser, vous devrez utiliser cette fiche de bilan régulièrement et, d'une fois sur l'autre, vous attacher à progresser là vous avez encore des manques.

Par exemple, en matière relationnelle, si vous vous apercevez que vous ne parlez qu'avec des gens de votre âge, ou de votre milieu, alors essayez de développer des contacts variés, ce qui peut se faire très simplement en engageant la conversation dans les espaces publics comme les transports en commun, les supermarchés, etc.

Pour progresser, il faut aussi réfléchir ! C'est-à-dire ne pas forcément suivre votre premier mouvement.

Par exemple : pour les compétences de décision, il ne faut pas confondre « décision » et « coup de tête » (ou « coup de sang »). Décider, ce n'est pas passer à l'action à tout prix, mais bien choisir son action, de sorte qu'elle nous corresponde et nous agrée, puis établir les étapes en vue du résultat.

Attachez-vous à bien nommer ce que vous savez faire et être (en plus, ce sera bon pour vos capacités d'expression !).

Par exemple, pour vos autres compétences, certains d'entre vous diront qu'ils n'ont pas d'idées, ou qu'ils n'ont pas d'autres compétences ; quelle erreur ! Remémorez-vous vos activités du mois ou du trimestre écoulés, ou encore tel ou tel job, telle ou telle mission, et listez ce que vous avez fait. Avoir d'autres compétences, cela peut être aussi aider à régler un conflit, expliquer, apaiser, ou encore traduire, montrer, etc.

PARTIE 3

Valorisez vos performances : les clés de la réussite

Nous allons dans les fiches 22 à 30 mettre l'accent sur vos performances (actuelles et surtout à venir) dans les grandes épreuves de concours : évaluer ces performances, les faire fructifier par un entraînement méthodique afin d'être parfaitement préparé le jour J.

Les performances sont ce que vous réaliserez effectivement le jour J : une course, un commentaire, un calcul, un match, etc.

Qu'est-ce qu'une performance ?

Dans le domaine sportif, nous savons d'emblée : c'est un record ; par « performance » on entend « bonne performance » et dans le cas contraire, on parle de « contre-performance ».

En réalité, on dira qu'il y a une performance dès lors qu'on met en pratique une ou plusieurs compétences, donc qu'on fait la preuve qu'elles sont bien là et qu'on les maîtrise.

Les deux sens de ce terme sont toutefois intéressants, car ils indiquent :

> ➤ que chacun peut commencer à son niveau ;
> ➤ qu'il est toujours possible de progresser ;
> ➤ qu'une contre-performance, cela peut arriver ;
> ➤ que ce qui compte, c'est d'élever son niveau général de performance.

La forme, les performances...

Ces deux mots sont parents : qui est bien en forme fera de meilleures performances. C'est dire que vous vous engagez tout entier dans une préparation d'examen ou de concours, le physique, l'intellect, le moral et le mental.

Les dix dernières fiches de ce volume vont vous faire passer des compétences aux performances. C'est que le concours (ou l'examen) approche ! Il faut passer au régime compétition : préparation intensive et bien ordonnée en vue des résultats les meilleurs.

L'écrit : réussir la dissertation

Qu'est-ce qu'une dissertation ?

Ce n'est pas du bla-bla ; ni des idées, qu'on aurait (quand on est « doué ») ou qu'on n'aurait pas (quand on est « nul ») ; ni les idées du professeur ou du jury.

La dissertation est composée :

- d'un *sujet* ;
- … auquel vous devez apporter *une réponse* ;
- … et cette réponse est construite, *illustrée, étayée* (autrement dit : vous montrez que vous ne racontez pas n'importe quoi).

À quoi sert une dissertation ?

Une dissertation sert à résoudre un problème, c'est-à-dire à *répondre à une question* (1), à *analyser un dilemme* (2), ou *problématiser un thème* (3).

Sujet 1 : *la France est-elle sortie de la crise des banlieues ?*

Sujet 2 : *violence et démocratie.*

Sujet 3 : *le chômage.*

Et bien sûr, elle sert aux correcteurs à *vérifier que vous savez faire.*

S'organiser

La gestion de votre temps en épreuve de dissertation

Les épreuves de dissertation se font en 3 heures ou en 4 heures. Comment répartir le temps imparti ?

– Lire et comprendre le sujet : 15 à 20 minutes ;

– situer le sujet pour bien réfléchir : 30 à 40 minutes ;

– organiser sa réponse au sujet : 45 minutes à 1 heure ;

– faire un plan, mettre en mots : 1 heure 30 à 2 heures.

Qu'attend-on de moi dans une dissertation ? Les quatre opérations

Il faut montrer sa capacité à :

- comprendre le sujet, ce qui signifie à la fois comprendre le thème et ce qu'il implique. Il faut se demander sur quoi porte le sujet, en définir les termes et les données, les contextualiser, les mettre en relation (aspects historiques, liens, différences, ressemblances). Il faut enfin problématiser le sujet, c'est-à-dire « ouvrir la boîte » pour lister ce qu'elle contient.

Sujet 1 : *la France est-elle sortie de la crise des banlieues ?* Cette question en appelle plusieurs autres, la France existe-t-elle indépendamment des autres pays ; comment peut-on définir « la crise des banlieues » ?

Sujet 2 : *violence et démocratie.* Ce dilemme est fait de quelles données ? Il faut définir, mettre en contexte ces données, la violence et la démocratie, leurs aspects historiques, leurs liens, leurs différences, leurs ressemblances.

Sujet 3 : *le chômage.* La problématisation va consister à « ouvrir la boîte » qu'est le mot « chômage » pour lister ce qu'il y a dedans, ce qui revient également à le définir.

- le situer pour mieux réfléchir. Situer c'est replacer dans *le temps*, dans *l'espace* (c'est-à-dire l'histoire, la géographie), et aussi dans une série de *références de culture générale.* Cela peut être fait de façon scolaire, en établissant une liste, ou en travaillant *en réseau*, avec une aide visuelle.

Violence et démocratie :

Qui ? Où ? À quelles occasions ? Quand ?

Quels pays ? *Naissance de la démocratie, Antiquité.*

Quels groupes ? Défense de la démocratie (XIXe siècle) ou attaque (XXIe siècle).

Quelles justifications ? Quels excès ? Quelles limites ? Quelles références : *politiques ? Juridiques ? Philosophiques ?*

- organiser la résolution du problème qu'il contient.

La crise des banlieues : peut-on dire qu'elle existe ?

À quels signes ? Avec quelle gravité ? (crise / évolution ?)

La crise des banlieues : ses causes, ses significations : échec de la cohésion sociale ?

Échec de l'intégration des jeunes et des populations diverses ?

- le mettre en mots selon un plan. Cette dernière étape n'est pas la moindre : on a beau avoir bien saisi le thème, bien défini ses éléments, et l'avoir situé, on a beau avoir formulé une problématique qui tient, si on s'exprime mal à l'écrit, on ne peut valoriser ses compétences, sa pensée, son travail. En effet, tout passe par le langage, dans les concours et examens ; et cela, même dans les examens professionnels.

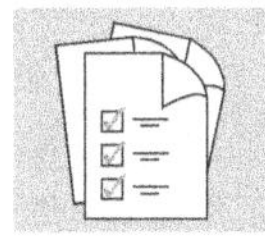

S'organiser

Boîte à outils

Le jour de l'examen vous n'aurez pas votre ordinateur ; donc ne perdez pas tout contact avec l'écriture manuscrite, et réapprenez s'il le faut à écrire vite, bien, et clairement (les « pattes de mouches » sont illisibles et auront un impact négatif sur votre note).

Habituez-vous à écrire de façon aérée, en sautant des lignes pour distinguer les parties et sous-parties ; faites des retraits au début de chaque paragraphe, ce sera plus clair.

Outils pour la pensée

Pour vous exprimer de façon à être lu et compris :

- donnez une information importante par phrase, pas plus (sinon, c'est désordonné) ;
- hiérarchisez les informations (on n'est pas au supermarché et ce n'est pas au lecteur de piocher ce qu'il lui faut, mais à vous de lui servir le meilleur) : idée/exemple/nuances ; causes/conséquences/lien avec l'idée qui suit ;
- veillez à la correction de votre langage écrit (phrases complètes, vocabulaire soigné, syntaxe rigoureuse.

Outils de référence

- Un dictionnaire des synonymes et des contraires : pour enrichir et raviver votre vocabulaire ;
- un dictionnaire alphabétique : pour vérifier le sens des mots, et étayer votre réflexion ;
- un dictionnaire étymologique : pour voir d'où viennent les mots et leurs liens entre eux ;
- une grammaire : pour la conjugaison et les rappels utiles (accord des participes passés, mots pièges, etc.).

Test : mes idées toutes faites...

Souvent, et avant même d'avoir posé un problème, défini ses termes et avant d'avoir pu réfléchir à la question posée, on sait déjà tout... enfin, on se le dit, on le croit. Bien entendu, c'est un piège : si les solutions étaient si faciles, elles seraient appliquées et on n'en parlerait plus.

En outre, cette attitude vous empêche de « jouer le jeu de la dissertation » : vous vous posez en moralisateur, en donneur de leçon ou en prophète qui sait tout, au lieu de suivre pas à pas la démarche demandée, qui doit justement vous permettre de prouver vos capacités de réflexion, d'analyse et de remise en question !

Pour savoir si vous êtes victime du syndrome de Monsieur-je-sais-tout (ou Madame), faites ce petit test en répondant aux questions ci-dessous :

1. À votre avis peut-on, pour faire diminuer le chômage (cf. sujet 3), partager un poste de travail ?

    ☐ Oui

    ☐ Non

2. Si oui, comment ? Si non, pourquoi ?

3. Expliquez avec un exemple au moins.

Si vous avez pu répondre aussi à la question 3, alors, vous savez réflé-chir et vous ne vous contentez pas d'avoir réponse à tout.

L'écrit : construire une dissertation

Il y a plusieurs types de dissertation…

Ils sont comme autant de chemins vers une réponse au sujet posé et varient selon les disciplines.

Les Anciens comparaient le plan à un itinéraire pour aller d'un point à un autre. Et on peut dire que le plan est le guide du voyage, tandis que vos titres, vos annonces, vos phrases de transition d'une (sous-)partie à l'autre sont les panneaux indicateurs pour que le lecteur ne se perde pas… et qu'il voie bien que vous ne vous êtes pas perdu non plus.

Mais les Anciens ne dissertaient que de rhétorique, l'art de bien s'exprimer ; aujourd'hui il y a des épreuves de dissertation en littérature, en philosophie, en histoire, en sciences politiques, en questions sociales, en questions internationales…

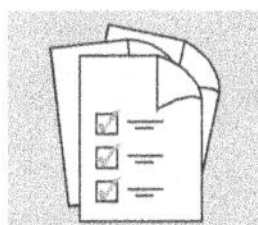

S'organiser

Les étapes de base

- Faites rentrer le schéma de départ (définitions, références, idées, exemples) dans un plan dont la progression tend vers une solution au problème.
- Définissez vos titres de parties (partie 1, partie 2, partie 3).
- Rédigez au brouillon introduction et conclusion.
- Rédigez votre dissertation.

– Confrontez conclusion et introduction à votre dissertation, faites éventuellement quelques aménagements.
– Recopiez le tout …et relisez-vous (orthographe, logique, etc.).

La lecture du sujet

Chacun des mots-clés doit susciter immédiatement dans votre esprit une idée ou une série d'idées, de faits, d'exemples, de questions. Il faut vous y exercer, au cours de votre préparation, afin d'acquérir de bons automatismes.

La prise de notes et leur mise en ordre

Une fois que vous avez identifié les mots-clés importants, et leurs liens, alors il vous faut donner à chacun un espace de brouillon mobile pour y noter vos idées et exemples ; et il faut que ces pages de brouillon puissent être confrontées, donc n'écrivez qu'au recto de chaque feuille.

Par exemple : dans le sujet « violence et démocratie », vous distinguez évidemment deux mots-clés, *violence, démocratie*. Mais il ne s'agit pas de traiter chaque mot-clé comme s'il était un sujet à lui tout seul ! Après un premier temps de remue-méninges sur chaque mot-clé, il faut les mettre en relation, et surtout éviter de faire la dissertation sur votre mot-clé préféré. Le petit mot ET pèse ici très lourd ; c'est lui qui est le cœur du problème : comment peut-on concilier les idéaux et la vie démocratiques, avec la violence (interne, externe, actuelle, passée, à venir).

Le plan…

Le plan coordonne les étapes de votre réponse au sujet ; il comprend obligatoirement :

- une introduction :
  - analyse du sujet,
  - formulation du thème et de la problématique,
  - annonce de plan ;
- un développement (en deux ou trois parties) ;
- une conclusion :
  - bilan,
  - perspectives.

Le plan correspond à des modes de réflexion ainsi qu'à ce qui vous est demandé :

- dans les dissertations d'ordre littéraire, il va falloir discuter une question, une citation ;
- dans les dissertations de sciences sociales ou de culture générale, il s'agit plutôt de résoudre un problème ou au moins de faire le point sur une question.

Le développement : deux ou trois parties ?

Le plan en deux parties

Le modèle de base le plus simple est « problème/solutions », qui peut se décliner de différentes façons, à travers l'élaboration de formulations plus précises en relation avec le sujet posé.

Problème : la violence est contraire aux principes de la démocratie, mais elle existe.

Solutions : on peut essayer de limiter la violence… mais toutes les formes de violence ne sont pas contrôlables.

Le plan en trois parties

Le modèle canonique est « thèse/antithèse/synthèse », que bien des élèves et étudiants ont traduit en « pour/contre/conciliation ».

Pour une citation littéraire ou philosophique brève, vous pouvez aussi trouver le plan de type « analyse de la citation/nuances/perspectives ».

Autre modèle, le « diagnostic » peut être construit ainsi : « constats (ou analyse de mots-clés, analyse du sujet, de la citation)/limites/perspectives (d'évolution ou de solution) ».

Réussir

Combien de parties ?

Pour les dissertations littéraires ou philosophiques, on privilégiera le plan en trois parties.

Pour les dissertations de culture générale et de sciences sociales, le plan en deux parties est préférable, car il permet des devoirs plus dynamiques et plus nets.

Boîte à outils : types de plan

Le plan RAS : « Réflexion/Analyse/Synthèse ».

Le plan SOS : « Situation/Observations/Solutions ».

Ces plans sont très facilement utilisables pour traiter beaucoup de sujets de dissertation et peuvent bien entendu être utilisés pour préparer une question d'oral.

Il est possible de réduire le nombre des parties, avec diverses combinaisons, telles que « situation et observations/solutions, moyens et actions » ou de remanier les trois parties : « situation (descriptif)/observations (analyse et diagnostic)/solutions (moyens et actions) ».

Des plans en cinq points peuvent être utilisés lors de la phase de réflexion, pour ne rien oublier dans un sujet complexe. Il faut ensuite, lors de la phase de rédaction, ramener ce plan à deux ou trois parties.

Voici un exemple de plan de réflexion : le plan DÉMOS :

- Définition des termes du sujet ;
- Énonciation de la problématique ;
- Moyens ;
- Organisation ;
- Synthèse.

Du plan à la rédaction

Il faut cependant ne pas trop se focaliser sur le plan : ce n'est pas un plan qu'on vous demande, mais un écrit construit sous forme de dissertation. Vous devez donc ne pas perdre de vue cet objectif d'écrit.

Le brouillon est votre premier allié : prévoyez une feuille pour l'analyse du sujet, une feuille par grand thème, une page pour les essais de plan.

Lorsque vous avez conçu votre plan, commencez la rédaction en vous aidant de vos feuilles analytiques et thématiques. Lors de votre préparation, vous écrivez tout au brouillon, mais pensez bien que le jour de l'épreuve vous n'aurez pas le temps de procéder ainsi. Il faut donc vous entraîner à vous exprimer plus aisément à l'écrit. Seule compte la copie que vous rendrez à la fin de l'épreuve !

Vous trouverez plus de détails sur cette phase d'écrit, ainsi que sur la gestion du temps en fin de fiche suivante.

　　　　　　　　　　　　　　　　　　　　　　　

L'écrit : réussir les épreuves sur textes

Certains préfèrent les épreuves sur textes, car ils ont l'impression que le texte est un appui utile. D'autres, au contraire, s'en méfient, et préfèrent des épreuves sans texte, qui leur paraissent plus libres. Mais en réalité, *un texte n'est ni un ami, ni un ennemi* – juste *une rencontre*. Et ce que vous avez à faire, c'est *tirer le meilleur de cette rencontre*.

Comment faire ?

Repérer ce qui est attendu de vous... puis le faire

L'analyse

Analyser, c'est montrer comment un texte est construit :

- ses éléments (idées, exemples) ;
- la façon dont ils se tiennent entre eux (liens logiques et chronologiques, ou juxtaposition, répétitions-reformulations) ;
- et éventuellement pointer les limites que vous pouvez repérer relativement au thème traité.

Analyser c'est comme démonter un moteur, distinguer les pièces (ne pas les mélanger, sinon, on ne peut plus remonter l'ensemble), voir à quoi elles servent, comment elles s'assemblent, quel est le type de carburant. Et là s'arrête la comparaison avec le moteur : nous ne sommes pas dans la mécanique, mais dans la pensée et le langage.

Le thème et le problème traités dans le texte sont à présenter et expliquer : vous devez les formuler ou reformuler, les situer, donner leurs références (cf. fiche 22, la dissertation) et ainsi expliquer le point de vue de l'auteur, replacé dans son époque.

 *Réussir*

Que faire avec… l'analyse d'une citation ?

Certains sujets de dissertation, de même que certains oraux de culture générale ont pour point de départ une citation d'auteur, soit une à trois lignes, pas plus. Là encore, vous devez…

– présenter ce court texte,

– le situer,

– puis l'expliquer et en dégager l'intérêt (son thème, les questions qu'il appelle).

Dans ce cas, on peut dire que c'est vous qui avez à formuler le sujet à traiter à partir de la parole d'un auteur.

Le commentaire de texte

Commenter, c'est analyser et donner votre point de vue argumenté *après* analyse (pas avant !).

C'est pourquoi la démarche-type du commentaire implique :

- d'expliquer le texte (son thème, en le situant ; la façon dont il progresse et dont l'auteur le traite) ;
- de revenir sur cet ensemble pour montrer ses limites : parce que la situation a changé depuis que le texte a été écrit ; pare que l'auteur a adopté un certain point de vue et qu'on pourrait en avoir un autre ; parce qu'il ne peut être valable partout, etc.

Les difficultés du commentaire sont réelles : vous devrez veiller à…

- ne pas répéter ni paraphraser le texte : cela montrerait au correcteur que vous n'avez pas vraiment compris ce texte, puisque vous ne l'avez pas situé, vous n'avez pas dit ses références, vous n'avez pas reformulé le thème précis. Et en plus… comme c'est ennuyeux !
- ne pas approuver ni critiquer systématiquement : cela montrerait que votre lecture a été superficielle, voire que vous êtes passé à côté du texte.

Réussir

Le commentaire à l'écrit, à l'oral

Le commentaire est une épreuve qui peut être écrite ou orale, et les durées d'épreuves sont souvent à peu près les mêmes :

- à l'écrit : rédigez en suivant les règles de la dissertation (plan, introduction à laquelle répond une conclusion) ;
- à l'oral : présentez avec des phrases moins rédigées, plus brèves ; le plan doit être très simple et aisément mémorisable, l'introduction bien cadrée avec une annonce de plan solide ; le tout doit être calibré pour 15 à 20 minutes d'exposé. Vous en dites moins, en moins de temps : choisissez d'être clair, net et pertinent. Des précisions peuvent être apportées au cours de la discussion avec le jury.

Le résumé

Résumer, c'est mettre en évidence et reformuler le thème du texte, sa progression (la façon dont il est traité, la succession des idées) et sa conclusion.

Réussir

Qu'est-ce qu'un résumé ?

Résumer, ce n'est pas faire une réduction de texte, comme les Indiens Jivaros réduisaient les têtes de leurs ennemis… d'ailleurs le texte à résumer n'est pas votre ennemi, mais une rencontre, n'oubliez pas cela.

Résumer c'est reformuler en plus bref et plus net ; redire l'essentiel, à savoir la thèse et le cheminement de la pensée de l'auteur.

On peut résumer à 1/4 ou à $1/10^e$. Si on vous demande un nombre de mots précis, vous devez respecter la consigne ; en général le jury tolère une marge de + ou − 10 % d'écart par rapport au total des mots requis.

Il est évident qu'on ne peut pas tout dire : on doit sélectionner. Sélectionner, c'est distinguer, départager selon un critère. Ce critère se formule en une question, que vous devrez vous poser tout au long de votre travail : « Est-ce essentiel ? » ; autrement dit : « Si je supprime ça (cette idée), le texte sera-t-il amputé ? »

S'organiser

Réussir un résumé

Vous l'aurez compris, l'essentiel est de repérer le squelette et les organes vitaux du texte, ceux sans lesquels il ne peut survivre.

On a besoin de distinguer l'essentiel dans toutes les épreuves sur un texte :

- l'idée centrale à propos du thème et sa progression, en analyse et commentaire, afin de pourvoir les expliquer ;
- en résumé, cette idée centrale et sa progression, afin de pouvoir éliminer tout ce qui est secondaire.

La note de synthèse

La difficulté de la note de synthèse est qu'elle réunit plusieurs textes : c'est une rencontre multiple, dont vous devez faire la synthèse.

Faire la synthèse, c'est :

- dégager le *thème commun à tous ces textes*, c'est-à-dire leur PGCD (le plus grand commun dénominateur, en mathématiques) ;
- ensuite, mettre en évidence *les points communs et les différences* :
  - traitement du thème,
  - caractéristiques de l'auteur,
  - situation (temps/espace),
  - perspectives ouvertes.
- se demander à qui est destinée la note, quel est son but et quel est son champ d'application :
  - note de synthèse générale (culture générale, questions de société),
  - ou note de synthèse professionnelle ou de spécialité (droit, économie, etc.).

Ensuite, composer et écrire votre copie, ou préparer votre prestation orale

Rédiger sa copie, c'est y passer un tiers du temps alloué, voire la moitié, selon l'organisation que vous adoptez entre le brouillon et la copie à rendre. Quelles sont les opérations indispensables ?

Au brouillon...

Distinguez des pages différentes, vous y verrez plus clair :

- une page pour repérer le thème, le situer et noter ses références ;
- une page pour noter les différents points de votre analyse ou de votre commentaire ;
- une page pour les projets et l'ajustage du plan ;
- une page pour l'introduction/la conclusion (toujours les relier puisque l'une doit répondre à l'autre).

S'entraîner

> Entraînez-vous à ne pas tout rédiger au brouillon : le jour du concours ou de l'examen, vous n'y arriverez pas dans le temps imparti.

Dès que vous avez un plan clair, préparez les annonces et les titres au brouillon, et ensuite lancez-vous dans l'écriture sur la copie. Mais veillez à limiter les risques ; voyons comment à présent...

Sur copie définitive

Quelques idées simples pour faire bien :

- laissez la première page pour l'introduction, vous la recopierez tout à la fin ;
- sur la deuxième page, écrivez le titre de la première partie, et commencez à rédiger en veillant à...
  - la bonne succession des idées et des exemples,
  - l'absence de contradictions,
  - l'équilibre entre les sous-parties (ne pas tout dire en 1.1.) ;
- ensuite, revenez à votre brouillon pour examiner votre plan et votre introduction d'un œil critique (« N'ai-je rien oublié ? Est-ce que c'est bien dit ? Dois-je faire évoluer mes formulations ? ») ;
- cela fait, vous pouvez repartir vers la deuxième partie, en veillant à la succession des idées et des exemples, à l'absence de contradictions, à l'équilibre entre les sous-parties ;
- enfin, relisez-vous, et si tout va bien, recopiez l'introduction et la conclusion en faisant les ajustements éventuels ;

- dernier point avant l'heure de rendre les copies, relisez le tout du point de vue de l'orthographe. Votre texte doit être lisible, intéressant… mais aussi correct.

À l'oral, en face du jury…

Il n'est plus temps de prendre des notes, ni de les lire, d'ailleurs. Vous entrez, vous saluez le jury et vous vous installez dès qu'il vous y a invité. Puis disposez bien en face de vous les deux appuis essentiels que sont :

- le texte à commenter : pas trop multicolore à force de fluo, ni trop gribouillé : lisible ;
- votre brouillon en plusieurs feuilles (n'écrivez que sur un côté de la feuille) :
  - introduction et plan (mémorisez votre première phrase et la suite des idées),
  - une page par partie avec les idées essentielles bien au clair (cf. ci-dessus),
  - une page pour la conclusion (rappel de l'ensemble et phrase de bilan et perspectives).

 **S'organiser**

La gestion de votre temps

Elle est variable selon le temps total alloué à l'épreuve.

Épreuves longues : 3 ou 4 heures (épreuves écrites)

Lecture et analyse du texte (cf. ci-dessus) : la moitié du temps.

Rédaction : l'autre moitié du temps ; bien intégrer la relecture.

Épreuves de 15 à 30 minutes (passage à l'oral) avec préparation d'une heure (en général)

Lecture et analyse du texte : au moins 1/2 heure.

Préparation de votre prestation orale : 20 minutes à 1/2 heure.

Remarque : Ne rédigez que l'introduction, les parties du plan et les transitions ; pour le détail, tenez-vous en à des notes claires et bien lisibles et/ou mémorisables. Car on ne lit pas son brouillon, on se contente de s'y référer de temps en temps.

Test : les épreuves sur des textes et moi

Parmi les trois profils suivants, quel est celui dont vous vous sentez le plus proche ? Choisissez-en un, et voyez ensuite comment faire pour nouer de meilleures relations avec les textes.

- ☐ **A.** Avec un texte j'arrive toujours à me débrouiller : je trouve toujours quelque chose à dire.

- ☐ **B.** Je déteste les textes, parce qu'ils m'empêchent de réfléchir pour trouver ma propre pensée.

- ☐ **C.** Je me méfie des textes : même quand ils ont l'air faciles, il y a toujours des choses auxquelles on ne pense pas.

Si vous êtes plutôt A : attention, il ne s'agit pas d'écrire ou dire à tout prix (les bistros et les émissions de TV sont pleins de gens qui parlent, parlent, parlent…), mais à bon escient.

Si vous êtes plutôt B : pensez que le texte peut être un allié, et dialoguez avec lui pour déceler sa pensée/la vôtre.

Si vous êtes plutôt C : avec un texte, pensez à procéder en trois étapes : d'abord les idées et significations qui vous sautent aux yeux (faciles) ; puis les références et la situation (cf. ci-dessus) ; et enfin, ce qui vous était caché et que l'appel aux références et à la situation a mis en évidence, en vous faisant replacer le texte dans son cadre (et non dans le vôtre).

Si vous ne vous reconnaissez dans aucun de ces profils : vous avez déjà appris à nouer des relations convenables avec les textes. Vous pouvez quand même améliorer cette relation :

- en vous disant que le langage de l'auteur date peut-être un peu, mais qu'il suffit de transposer ;
- en pensant que les événements évoqués peuvent être mis en relation avec d'autres plus récents, ou qui vous concernent davantage ;
- en n'oubliant pas que tout auteur a été un enfant, un adulte, qu'il a été triste, gai, engagé, amoureux, voire passionné… Bref, un être humain comme vous.

L'oral : les différents types d'entretien

L'éventail des questions pouvant être posées est fort large : elles peuvent varier d'un concours à l'autre, d'un jury à l'autre, et même d'un candidat à l'autre, en fonction notamment des propos initiaux. C'est pourquoi, tout en conservant votre spontanéité, vous devez les tenir avec prudence… et en sachant qu'ils sont entendus et mémorisés. En particulier ne vous vantez pas de savoir ceci ou cela, d'avoir fait telle ou telle chose, car le jury pourrait chercher à en savoir plus !

Nous allons à présent détailler les grandes catégories d'entretien les plus fréquentes dans les épreuves ovales.

À noter : il faut mettre à part les épreuves d'entretien professionnel, où en principe les questions sont, par définition, d'ordre exclusivement professionnel – ce qui toutefois n'exclut pas les éléments de la « culture administrative générale ».

Questions à partir d'un sujet suivi d'un exposé

- Le fond du sujet et son contexte.
- Les grands problèmes évoqués dans l'exposé : historique, actualité, perspectives.
- Multiples questions ponctuelles à partir des éléments de votre exposé.

NB : même types de questions à partir d'un commentaire de texte.

Questions classiques de culture générale

- L'histoire et la géographie.
- La littérature et les arts.
- La connaissance des institutions.
- L'éducation civique, en liaison avec les questions d'actualité.

Questions d'actualité

- Les problèmes politiques.
- Les problèmes économiques et sociaux.
- Les arts et spectacles.

Dans chaque domaine, les *aspects internationaux*, et notamment *européens,* deviennent de plus en plus importants.

En ce qui concerne les concours administratifs, il faut bien entendu, accorder une place particulière à l'*actualité administrative*. Dans les concours de catégorie A (ou même B de haut niveau), à l'*actualité juridique*.

Questions personnelles

- Vous et votre personnalité.
- Vos origines géographiques : votre région, votre département, votre ville natale.
- Votre itinéraire de formation (scolaire et professionnelle).
- Vos goûts et vos loisirs (aspects plus personnels des questions de culture générale : vos lectures, vos auteurs préférés, vos œuvres préférées dans divers domaines artistiques…).
- Vos perspectives d'avenir (personnelles et professionnelles).

Questions professionnelles

- Votre itinéraire professionnel.
- Votre service et votre environnement.
- Les liens entre vos études, votre métier, votre formation continue.
- Vos perspectives personnelles :
    - accroissement de vos responsabilités,
    - perspectives de promotion et/ou mobilité professionnelle.

Le jury

Sur toutes les questions évoquées ci-dessus, et sur toutes les assertions formulées en réponse ou au cours de vos exposés ou commentaires, le jury peut chercher à vous mettre en contradiction avec vous-même. Beaucoup de jurys emploient systématiquement cette technique.

Attention alors à vous comporter avec la plus grande vigilance tout au long de l'épreuve.

Lorsque vous effectuez des mises au point à la demande du jury, ce doit être à la fois avec *souplesse et fermeté*. Et, bien entendu, toujours avec la plus grande courtoisie.

Un autre point important sur le plan stratégique : lorsqu'une question est difficile, vous pouvez, et même vous devez commencer par *exposer à haute voix le cheminement de votre pensée*. Très souvent, le jury appréciera votre effort de raisonnement logique, le questionnement opéré et votre réflexion, tout autant que le fond de la réponse elle-même.

Nous pouvons ici faire une comparaison intéressante avec le domaine scientifique : le bon déroulement d'une expérience est souvent plus important que les résultats eux-mêmes, puisque c'est lui qui met sur la voie de la vérité scientifique. Les plus grands de nos savants l'ont reconnu et l'ont écrit.

Mots d'hier, mots d'aujourd'hui

« Les plus difficiles questions de stratégie sont souvent des questions de gros bon sens. » (André Gide)

« Il faut questionner pour apprendre. » (Denis Diderot)... Une phrase à ne pas oublier et que vous pouvez bien entendu citer !

Test : éviter les pièges à l'oral

Bien se connaître évite de tomber dans ses fragilités redoutées ou ses défauts favoris.

En vue de l'oral, faites une liste des pièges auxquels vous devez faire tout particulièrement attention : barrez ou ajoutez à partir de la liste ci-dessous… puis remédiez en développant la méthode sur ces points-là justement.

1. J'ai du mal à me concentrer pour tirer le meilleur de moi-même.

   ☐ Oui

   ☐ Non

2. J'ai du mal à gérer le temps de préparation.

   ☐ Oui

   ☐ Non

3. Je me laisse entraîner trop loin par une phrase, une idée du texte, ou une question d'un membre du jury.

   ☐ Oui

   ☐ Non

4. Je ne sais pas trouver un bon équilibre entre m'affirmer et respecter les idées et la parole d'autrui.

   ☐ Oui

   ☐ Non

5. Quand je ne sais pas répondre, je perds tous mes moyens, je bafouille, j'ai la tête vide.

   ☐ Oui

   ☐ Non

6. Je n'arrive pas à formuler à voix haute les étapes de mon raisonnement : j'ai peur de révéler d'autres lacunes.

   ☐ Oui

   ☐ Non

7. Je me rends compte que mon expression orale n'est pas assez fluide ni assez nuancée (il faut s'enregistrer, s'écouter, recommencer…).

   ☐ Oui

   ☐ Non

8. Je ne sais jamais comment m'habiller, me comporter (soyez à l'aise, mais avec tenue, sans être négligé).

☐ Oui

☐ Non

9. Je me sens gros(se), gauche, maladroit(e)… (et la vivacité de votre regard, votre humour, vos goûts, vos centres d'intérêt ? Cela compterait pour rien ? Bien sûr que non !).

☐ Oui

☐ Non

10. Le programme de ce qui me manque pour être cultivé est trop vaste, je ne sais pas par où commencer…

À propos du point 10

Personne ne sait tout, et chaque homme cultivé est d'abord un homme en train de se cultiver.

Cela dit, cultivez-vous selon deux ordres :

– l'ordre externe : les cadres spatio-temporels et références d'un thème, d'une discipline du savoir ;
Par exemple, pour l'économie, la naissance de cette science, les grandes théories, leurs utilisations actuelles.
– l'ordre interne : le vôtre, ce qui vous intéresse d'abord et pourquoi ; comment vous pouvez accéder au savoir ; comment vous l'avez déjà fait ; qu'est-ce qui vous manque.

Réussir

L'oral est par excellence le moment du questionnement : la reformulation des questions compte autant que les réponses.

L'oral : les oraux de spécialité

Il peut s'agir :

- d'oraux sur une discipline en particulier (gestion, droit, économie, biologie…) ;
- d'oraux professionnels.

Leur champ est plus étroit que celui de la culture générale ; pour autant, les aspects de personnalité restent bien présents, du fait qu'il s'agit toujours d'une situation d'oral.

Les oraux de spécialité prennent le plus souvent la forme d'une question ou une étude de cas.

Une question...

Même une question de cours recèle des éléments de réflexion, notamment ceux en lien avec l'actualité. Dans tous les cas vous devrez…

- organiser votre réponse selon un plan :
  - reformulation de la question et intérêt (introduction),
  - cadres théoriques et spatio-temporels (mise en contexte de votre réponse),
  - éléments de réponse, du plus général au plus précis,
  - conclusion (bilan et perspectives).
- ne jamais oublier de faire une introduction… ;
- … ni une conclusion.

 **Réussir**

Pour ne rien oublier, ayez toujours en tête les principales rubriques de toute réponse (quoi ? qui ? où ? comment ? et après…).

Une étude de cas

Là, vous vous trouvez en face d'un dossier plus ou moins volumineux à examiner afin de faire la preuve que vous êtes, ou pouvez être, un vrai professionnel. Dans tous les cas, il faut :

- lire le dossier et en tirer les éléments essentiels pour comprendre le cas et ce qui est attendu de vous en termes de résolution d'un problème :
  - personnes en cause,
  - litige ou demande,
  - autres caractéristiques de la situation,
  - règles applicables (y compris incertitudes et conflits éventuels),
  - procédure ou mode opératoire à suivre,
  - calendrier indicatif,
  - résultats attendus,
  - évaluation et suivi possibles.
- rédiger dans ses grandes lignes et présenter :
  - votre analyse, étayée sur le dossier,
  - vos solutions, expliquées et justifiées.

Vous affronterez ensuite les questions du jury :

- sur votre analyse ;
- sur votre parcours personnel (études, expériences professionnelles…).

Les oraux professionnels sont en relation avec votre carrière et vos expériences professionnelles, ils ont donc aussi une part personnelle… ne serait-ce que parce que c'est vous-même qui les présentez.

Voici donc des tests pour contribuer à vous mener sur la bonne voie : la vôtre.

Test : évaluation de mon expérience professionnelle

Ce texte met en application la méthode des six questions.

1. Qui ?

   – Comment vous définissez-vous face à cette expérience ?
   – Votre formation.
   – Vos acquis et vos atouts.
   – Qui avez-vous connu à cette occasion (hiérarchie, collègues, public…) ?

2. Quoil ?

   – Les missions de votre service.
   – Vos activités.

3. Où ?

   – Cadre géographique.
   – Lieu d'exercice.

4. Quand ?

   – Date et durée.

5. Pourquoi ?

   – Vos motivations, buts ou finalités.

6. Comment ?

   – Comment avez-vous travaillé ?
   – Avec quels moyens ?

À ces six questions, nous ajouterons une septième : et après ?

   – Qu'avez-vous tiré de cette expérience ?
   – Quelles peuvent en être les suites ?
   – Quelles sont vos perspectives personnelles ?

Test : mon poste et moi

Ce test reprend les principaux points que vous devrez traiter devant le jury.

Sa situation.

Sa place dans l'organigramme.

Les attributions essentielles et l'organisation interne.

Les responsabilités personnelles.

Auxquels vous ajouterez éventuellement…

Les outils de travail :

– organisation matérielle et technique,

– aspects juridiques : les textes à appliquer.

Les relations avec les principaux partenaires :

– au sein de l'administration centrale,

– avec les services extérieurs,

– les relations publiques.

Les perspectives :

– évolution des tâches du bureau,

– perspectives personnelles,

– accroissement des responsabilités,

– perspectives de promotion et/ou mobilité professionnelle.

Test : intelligence de métier et ouverture d'esprit

Ce sont deux grandes qualités requises dans les oraux de spécialité. Qu'en est-il pour vous ? Testez-vous en répondant à la question ci-dessous.

Selon vous, qu'est-ce qu'avoir l'intelligence de son métier ?

- ☐ C'est tout d'abord bien connaître le métier que l'on fait, la fonction que l'on exerce, et être capable de l'exposer clairement. Cela peut paraître facile au premier abord… mais ce n'est pas toujours aussi évident. Si l'on n'a pas réfléchi quelque peu aux multiples aspects de ses occupations, à la place réelle qu'elles occupent dans des tâches plus vastes, il est quelquefois bien difficile de les définir clairement.

- ☐ C'est aussi bien connaître *l'environnement* de son travail. Il est important pour le candidat de bien connaître les travaux qui sont faits en *aval* (notamment les services extérieurs), en *amont* (échelons supérieurs), et *à côté* (les autres bureaux, services, directions…) de lui.

- ☐ Sans oublier la vie, toujours présente : derrière les commandes, les dossiers, les formulaires, il y a des personnes et des situations.

Mots d'hier, mots d'aujourd'hui

Commençons par un adage de la sagesse populaire : « *Un métier bien appris vaut mieux qu'un gros héritage.* »

Un proverbe berbère va dans le même sens : « *Celui qui possède un métier est comme celui qui possède un château fort.* »

Et le Talmud affirme : « *Qui ne donne pas un métier à son fils lui donne le métier de voleur.* »

Autre adage reflétant la sagesse populaire : « *Il n'y a pas de sot métier, il n'y a que de sottes gens.* »

Vos armes anti-stress

Le stress vient d'un mot anglais qui signifie « tension, effort intense ». En biologie ou en psychologie, le mot stress désigne l'agent physique ou psychologique provoquant une réaction de l'organisme. Ou encore l'ensemble des réactions à cet agent agressif (diverses réactions : physiologique, métabolique, comportementale).

Dans le langage courant, le stress désigne toute situation, tension nerveuse ou fait traumatisant, qu'il soit bref ou plus long. Et quand la personne n'en peut plus, on parle alors couramment de *burning out* : la personne flambe, en explosion ou implosion. Lutter contre le stress c'est éviter d'en arriver là, et surtout apprendre un bien utiliser ce stress, cette tension pour *vous dépasser sans vous détruire.*

Pour éviter cela, et notamment les défaillances aux moments stratégiquement importants, le premier impératif est d'adopter une bonne *hygiène de vie.*

Il faut ensuite se préparer pour *arriver au meilleur de sa forme* dans le mois précédant les épreuves, et surtout le jour J.

Mots d'hier, mots d'aujourd'hui

Ces mots sonnent toujours juste, non ?

« *Le corps est la baraque où notre existence est campée.* » (Joseph Joubert, *Pensées*)

« *Oui, mon corps est moi-même, et j'en veux prendre soin. Guenille si l'on veut, ma guenille m'est chère.* » (Molière, *Les Femmes savantes*)

« *Que la Force soit avec toi !* » (Le vieux Maître s'adressant au jeune héros de *La Guerre des Étoiles*)

 *Réussir*

Les dix règles d'or contre le stress et la nervosité

Cinq « règles négatives », qui vous indiquent ce qu'il ne faut surtout pas faire :

1. Ne vous laissez pas impressionner par le jury ou par l'environnement.
2. Ne vous laissez pas dominer. Ne laissez pas la panique s'instaurer.
3. Ne prenez pas de drogues. Pas avant l'épreuve… et pas non plus pendant !
4. Ne vous enfuyez pas. Que ce soit physiquement, ou simplement par la pensée.
5. Ne vous suicidez pas devant le jury (… en tenant des propos incohérents, grossiers indécents ou agressifs, en « le prenant de haut » ou en refusant de répondre à ses questions).

Cinq principes très simples, qui pourront vous aider à vous « tirer d'affaire » :

1. Respirez bien pour retrouver votre calme : respirations amples, du ventre jusqu'au déploiement de chaque alvéole des poumons ; vous devez vous sentir pousser des ailes !
2. Faites une pause pour boire un peu d'eau ; que vous ayez soif ou pas, d'ailleurs, car boire justifie et étaye la pause.
3. Parlez avec quelqu'un qui vous veut du bien. Ou pensez à lui/elle.
4. Pensez que les autres sont souvent plus traumatisés que vous (… eh oui ! Cela peut aider !).
5. Pensez que ce sera vite fini : il vous faut donc retrouver toutes vos forces et appliquer toute votre énergie au bon moment.

Sport et forme physique

Un esprit sain dans un corps sain

Pour réussir un concours, comme pour réussir dans la vie, la condition première est de disposer *d'un esprit sain dans un corps sain.*

Réussir

Les points essentiels pour réussir vos examens et concours

1 - Diététique et sommeil

2 - Activités physiques et sportives

3 - Organisation du travail

4 - Gymnastique intellectuelle

Vous devez donc veiller à :

- *éviter les facteurs nocifs* sur le plan physique (alcool, tabac, aliments trop lourds…), comme sur le plan moral (angoisse, soucis, énervement…) ;
- respecter un *régime alimentaire* approprié et une bonne *hygiène de vie* (sommeil, relaxation…) ;
- pratiquer quotidiennement des *exercices physiques* (marche, natation, gymnastique, yoga…), faire du sport et vous réserver suffisamment de temps pour « prendre l'air ».

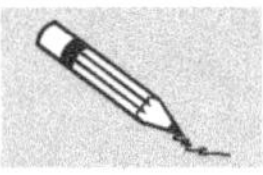 *S'entraîner*

Les exercices respiratoires

Chaque fois que vous sentez votre attention faiblir, la fatigue s'étendre ou le trac vous envahir, effectuez des respirations lentes et profondes qui vous remettront d'aplomb (souvenez-vous de vos cours d'éducation physique au lycée). Si, comme nous vous le recommandons, vous continuez à pratiquer l'athlétisme, la gymnastique, la natation ou le yoga, demandez à votre professeur ou moniteur de vous faire répéter les exercices les plus profitables ; cela peut vous sauver le jour du concours.

La forme physique

L'entraînement régulier est le gage du succès… et il contribuera à vous maintenir toujours en bonne condition.

Certes, la condition physique n'apparaît pas dans les instructions officielles pour la préparation aux examens et concours… mais c'est cependant un point capital !

Peut-être avez-vous l'impression qu'il est superflu ? Cela peut être le cas si vous êtes toujours naturellement en superforme. Mais peut-être aussi avez-vous négligé à tort cette condition ? La santé est, avec l'intelligence, notre capital le plus précieux. Il faut donc l'entretenir. Et, comme les plus grands sportifs eux-mêmes, il faut « arriver en forme » au bon moment.

 *Réussir*

Les épreuves sportives des concours

Pensez bien à la préparation des épreuves sportives des concours.

C'est souvent l'occasion de gagner des points précieux. Lorsque le règlement du concours offre le choix entre plusieurs types d'épreuves, demandez conseil à votre professeur (ou aux responsables de vos associations sportives).

Et testez-vous afin de déterminer où sont vos meilleures performances.

Pensez aussi que le sport fait souvent l'objet de questions à l'oral. Il faut donc à la fois bien connaître l'histoire du sport, notamment celle des Jeux olympiques, l'actualité sportive, et être capable de bien parler de votre pratique personnelle.

Si vous ne pratiquez aucun sport, mieux vaut ne pas chercher à inventer des activités fictives (cela risque de provoquer des déboires…). Contentez-vous de dire, par exemple, que vous pratiquez la marche ou la gymnastique (ou encore la relaxation ou le yoga). Vous pouvez également citer George Bernard Shaw : « *Le seul sport que j'aie jamais pratiqué, c'est la marche à pied, quand je suivais les enterrements de mes amis sportifs.* » Et pensez que l'humour fait aussi beaucoup de bien !

Mots d'hier, mots d'aujourd'hui

Voici une citation de Peter Ustinov, intéressante sur le plan historique : « *Si les Anglais ont inventé beaucoup de sports, c'est que, dès qu'ils se sentent dépassés dans l'un d'eux par une nation étrangère, ils en inventent un autre.* »

Le sport a souvent inspiré les humoristes. Voici un exemple provenant de Lagaf', un animateur à succès : « *Je fais du sport, presque tous les sports. Ainsi, dernièrement, j'ai fait du ski nautique. Parce que chez nous on a découvert un lac en pente.* »

Et il est bien connu que, lorsqu'on demandait à Winston Churchill le secret de sa longévité et de sa grande forme, il répondait tout simplement : « *No sport !* »

Beaucoup de sportifs sont extrêmement intelligents, et capables de mener une seconde carrière. Pierre de Coubertin avait toujours mis l'accent sur les qualités intellectuelles et morales nécessaires au sportif : « *Le sportif est appelé à tout moment à évaluer et à comparer, et cela avec une grande rapidité.* »

Intelligence et personnalité

Être intelligent ne signifie pas être une machine à penser ou à résoudre des équations. Les travaux sur les intelligences multiples, vulgarisés par Daniel Goleman, sont désormais bien connus[1] : on sait qu'il n'y a pas seulement l'intelligence abstraite, mais aussi l'intelligence relationnelle, l'intelligence émotionnelle, etc.

Vous pouvez donc, et même vous devez, valoriser ces différents aspects de vous-même, car ils répondent à des besoins de vie et de travail et sont des compétences qui ne demandent qu'à vivre sous forme de performances :

- capacité à dynamiser ou à motiver un groupe ;
- capacité à anticiper ou à résoudre les conflits ;
- capacité à valoriser tout le monde (y compris vous-même !) ;
- capacité à comprendre ce qui se cache sous les paroles (les implicites) ;
- capacité à innover dans la résolution de problèmes ;
- créativité (écrit, image, relations, diffusion, etc.).

En outre, ce que vous jugez comme un défaut, et avez envie de dissimuler, peut être vu de façon positive. Voici dix exemples…

- Si je (pense que) n'ai pas assez de diplômes, je valorise le fait que je me suis donné une bonne culture personnelle et que j'ai acquis une expérience solide.
- Si j'ai trop de diplômes, je dois porter une appréciation mesurée sur la valeur de la formation, et surtout montrer que je serai capable de m'adapter, et aussi que j'ai fait des tas de choses en marge.

---

1. GOLEMAN Daniel, *L'intelligence émotionnelle*, éditions Robert Laffont, 1999 ; réédition en poche chez J'ai lu, 2002.

- Si je suis jugé trop jeune, je dispose de la maxime classique : « Aux âmes bien nées, la valeur n'attend point le nombre des années » ; j'ai aussi à ma disposition mes activités dans des domaines divers.
- Si je risque d'être jugé trop vieux, je montre que je suis resté jeune, performant, encore capable de m'adapter : par mes réalisations, même dans ma sphère personnelle, par mes défis, par mes engagements.
- Si je suis jugé encore trop peu expérimenté, je dois montrer que je peux être immédiatement productif. Et capable de progresser rapidement. Là encore, par l'exemple, même dans des microréalisations.
- Si l'on juge que j'ai occupé trop de postes différents, je dois avoir une explication pour chaque cas, et surtout montrer que chaque expérience se révèle profitable et qu'un axe fort se dégage de cette diversité : ce que j'aime, ce que je cherche, ce que j'ai voulu faire.
- Si l'on me juge trop timide, montrer que cela n'exclut pas la volonté, que je serai capable de travailler en équipe, de jouer un rôle d'animateur, et s'il le faut d'affirmer mon autorité.
- Si l'on me trouve trop autoritaire, montrer que je suis capable d'inspirer aussi un grand courant de confiance et de sympathie. Ajoutez un zeste d'humour… mais attention, pas comme avec les copains. Pour l'humour en concours, les citations sont une excellente médiation. N'hésitez pas à en avoir quelques-unes en stock !
- Si l'on me trouve trop modeste, affirmer que je n'en ai pas moins le sens et le goût des responsabilités, et que j'aspire à me montrer performant à un plus haut niveau… sinon, je ne serais pas là,… à cet examen ou concours.
- Si l'on me trouve trop ambitieux, je dois ou bien nuancer mes objectifs, ou bien légitimer mes ambitions en prouvant que j'ai le potentiel nécessaire pour les réaliser au meilleur niveau.

Un autre point important est constitué par les liens forts et nombreux, entre le travail et l'épanouissement personnel.

Pour cela, il faut notamment éviter de vous laisser aller au pessimisme (du genre « j'ai tout raté, je suis nul ») et garder présentes à l'esprit les *chances de votre vie.*

Maurice Barrès a affirmé, et nous le confirmons : « *Pour chaque être, il existe une sorte d'activité où il serait utile à la société, en même temps qu'il y trouverait son bonheur.* »

Test : les chances de ma vie

Cochez les phrases qui vous correspondent, puis complétez, ajustez...

☐ Je suis né(e) dans une belle région, avec des parents qui m'aiment.

☐ J'ai pu faire des études.

☐ J'ai eu et j'ai encore de bons amis.

☐ J'ai pu, je peux encore découvrir le monde.

☐ J'ai su transformer une difficulté en outil de bonheur
et de développement personnel.

☐ ....

☐ ....

Ce test est important car il ne faut pas seulement voir ses déficits, ses handicaps, il faut voir aussi ses atouts. Et ce n'est pas parce que cet ouvrage traite de préparation aux concours qu'il vous faut négliger ou ignorer vos bases de vie. Bien au contraire ! Ces bases de vie sont celles qui vous permettent de maintenir votre équilibre aussi bien intellectuel, qu'affectif et émotionnel.

Vous objectez que vous avez eu aussi des malchances ? Certes, mais une fois que vous avez pris la mesure des choses (cf. fiche 3), autant retenir dans votre biographie ce qui est bon pour vous et votre avenir.

Mots d'hier, mots d'aujourd'hui

« Le plus grand secret pour le bonheur, c'est d'être bien avec soi. »
(Fontenelle, *Du Bonheur*)

Auto-évaluation générale (savoirs, savoir-faire, savoir être... et performances)

Évaluation... évolution... Bon, d'accord, les deux mots se ressemblent ; et ce n'est pas pour rien : c'est ils renvoient tous les deux à une progression, un mouvement vers l'avant, un élan.

Ainsi, évaluer permet de mesurer comment vous et vos acquis avez évolué.

Prenons nos différentes rubriques l'une après l'autre :

- les savoirs généraux ;
- les savoir-faire ;
- les savoir être ;
- vos performances dans les épreuves qui vous attendent.

Réussir

Faites des retours réguliers sur ces évaluations

Vous avez intérêt à revenir périodiquement sur ces évaluations pour visualiser vos progrès, cela vous permettra de voir où vous en êtes, et vous saurez mieux comment continuer avec succès... et vers le succès.

Vos savoirs généraux

Votre point de repère est la fiche 12. À partir de cette fiche, remplie il y a quelque temps déjà, vous avez établi votre premier score. Qu'est-il devenu ? Pour le savoir, reprenez ce test, refaites-le et surlignez vos domaines d'excellence, c'est toujours bon à savoir !

Domaines \ Niveau	0	1	2	3	4	5
Actualité						
Littérature						
Arts						
Médias						
Histoire						
Géographie						
Économie						
Droit						
Questions sociales						
Politique						
Vie internationale						
Sciences						
Techniques						
Niveau général						
Les domaines où j'excelle						

1 = j'ai acquis des notions, je ne suis plus nul(le).

2 = j'ai complété mes notions de base.

3 = j'ai des connaissances supplémentaires (je peux les citer), mon niveau est devenu bon.

4 = je suis très fort(e).

5 = je deviens un vrai crack !

Mes domaines d'excellence

En les repérant, je saurai mieux quelle option choisir (examen, concours), quelles comparaisons utiliser à l'oral et comment orienter mon exposé… et donc les questions du jury.

Vos savoir-faire généraux

Dans le tableau ci-dessous, notez *vos points forts* (A), *vos performances moyennes*, à améliorer (B) et *vos points faibles* (C) et comparez avec les scores obtenus au début de votre préparation (cf. fiche 1).

Formation de base et culture générale	Formation et applications professionnelles	Qualités personnelles
Lecture. Mémorisation. Mise en relation avec la culture générale (histoire-géographie, relations internationales, arts, politique, langues, voyages…).	Compréhension d'un thème et d'un problème : – de son domaine de référence dans la réalité ; – des possibilités de solutions. Connaissance d'un métier, d'un secteur, d'une branche.	Bon rapport avec la réalité (jeux, films… et réalité). Sérieux, application, créativité. Capacité d'effort et de concentration. Capacité de relaxation (selon les moments).
Capacité de rédaction, qu'elle soit libre ou plus contrainte (temps, formes d'écrits, sujets).	Capacité à résoudre des problèmes, à proposer des solutions.	Ouverture d'esprit = capacité à sortir de son univers personnel (âge, milieu, choix…) pour comprendre d'autres milieux et d'autres univers.
Capacité à s'exprimer de façon fluide et précise à l'oral avec des personnes variées. Expliquer, convaincre.	Langage précis et varié, capacité à l'employer justement, en s'adaptant aux personnes et aux situations.	Sens des relations humaines.

Vos savoir être : attitudes, mental, moral et confiance en soi

Dans le tableau ci-dessous, notez *vos points forts* (A), *vos performances moyennes*, à améliorer (B) et *vos points faibles* (C). N'hésitez pas à ajouter ce qui manque pour vous !

Vous constaterez par ailleurs qu'il y a des recoupements entre tableaux ; c'est normal, car entre savoirs, savoir-faire et savoir être, il y a continuité.

Attitudes	Mental	Moral et confiance en soi
Savoir écouter et partager. Savoir comprendre l'humain, même différent de soi. Savoir utiliser des ressources variées. Savoir relier les savoirs, savoir-faire et savoir être.	Savoir se concentrer ; Savoir faire un effort. Savoir persévérer.	Ne pas se laisser décourager. Savoir se motiver. Savoir bien utiliser son stress. ....
Savoir prononcer les mots justes selon les situations. Savoir se taire. Savoir suggérer.	Savoir distinguer des domaines (à soi/à autrui). Savoir ne pas se laisser contaminer par les états d'âme d'autrui.	Savoir reconnaître en soi les états de fatigue, de découragement, de stress. Pouvoir s'arrêter à temps et trouver des remèdes.
Bilan Ce que je fais mieux : Ce qui me reste à développer :		

Évolution de vos performances : une évaluation progressive

En parlant ici de « performances », nous évoquons plus précisément les matières de l'examen ou du concours ; rappelons que les performances sont ce que vous faites effectivement, vos productions (vos copies d'écrit, vos épreuves orales).

Et, pour relier compétences et performances, disons que les performances sont *l'actualisation des compétences*, à tel moment, dans telle situation.

Pour bien voir l'évolution de vos performances, et ainsi évaluer le chemin que vous avez parcouru, les progrès que vous avez faits, et ce qui reste à faire, placez sur ce tableau les performances du début de préparation et d'aujourd'hui.

Complétez avec vos matières et épreuves spécifiques et barrez ce qui est inutile.

Épreuves	Début de préparation	Aujourd'hui
À l'écrit Épreuve de culture générale Épreuve(s) de spécialité		
À l'oral Oral de culture générale Oral de spécialité		

Les clés de votre développement sont les clés de votre succès

Certaines clés vous sont données à la naissance, d'autres en cadeau (par exemple dans cet ouvrage) et vous fabriquez celles qui vous manquent avec un peu d'aide – ce que vous avez fait avec cet ouvrage.

Maintenant que vous possédez les clés, il reste à choisir *les bonnes portes* :

- celles qui vous vont bien…
  - votre formation,
  - vos goûts,
  - vos aptitudes ;
- celles qui ne sont pas verrouillées à triple tour avec trois verrous différents… ce qui demande une grande persévérance, et de bonnes capacités d'analyse…
  - votre esprit d'observation,
  - votre vocation,
  - votre force,
  - votre capacité à faire des efforts,
  - voire des sacrifices ;
- celles qui sont pleines d'avenir parce qu'elles ont une utilité sociale dans la société telle qu'elle devient…
  - votre attention au monde extérieur et à autrui,
  - votre réflexion.

La fin de cet ouvrage n'est pas celle de votre parcours, elle marque la fin d'un moment de votre évolution, qui influencera le reste de votre vie.

C'est pourquoi nous vous souhaitons d'abord une bonne préparation, et ensuite un bon chemin de vie.

Annexes

Les dix règles de présentation d'une bonne copie

Voici dix principes que vous devez appliquer scrupuleusement au cours de vos prochains travaux.

Une remarque particulière pour les candidats aux concours : même si d'ores et déjà vous avez pris l'habitude de ne travailler que sur ordinateur, il n'en faut pas moins reprendre un *entraînement au travail manuscrit*. Les épreuves écrites restent déterminantes pour tous les examens et concours. Beaucoup de candidats sont gênés lorsqu'il leur faut « reprendre la plume » (stylo ou stylo feutre), et ne savent plus écrire, et encore moins « bien calibrer » une copie manuscrite.

- Je m'entraîne régulièrement avant l'épreuve, en travaillant dans les conditions du concours. Dans toutes les occasions, je m'efforce d'écrire lisiblement, et de façon aérée. Je repère les lettres que je forme mal, et je les soigne particulièrement, jusqu'à correction parfaite.
- Je prépare bien, au brouillon, le « calibrage » de ma copie : titre et introduction, les diverses parties et sous-parties, la conclusion.
- Je sais bien que la forme et le fond de ma copie sont étroitement liés. Les règles classiques de la composition imposent un équilibre harmonieux entre les deux ou trois parties, et au sein de chacune d'elles entre les sous-parties.
- Je dispose harmonieusement le titre (ou l'énoncé du sujet, si je dois le recopier). Si ce titre n'est pas trop long, je l'écris en lettres CAPITALES. S'il le faut, je rédige un titre assez bref que je complète par un sous-titre explicatif.

- Je laisse un espace suffisant pour le paragraphe introductif. Je sais que celui-ci doit être particulièrement soigné, puisqu'il conditionne la première impression de mon lecteur.
- À la fin de mon introduction, je présente de façon bien dégagée l'annonce du plan de mes développements. Celle-ci doit être parfaitement claire : le lecteur doit savoir où je vais le conduire.
- Si c'est possible, chaque partie principale doit débuter en haut de page. Je ne dois jamais mettre de titre en bas de page.
- Je dispose harmonieusement les sous-parties et les paragraphes. C'est indispensable sur le plan fonctionnel comme sur le plan esthétique. Je dégage bien la conclusion, et je tire un trait final.
- Tout au long de mon travail, je ne néglige aucun détail d'écriture. La lisibilité de la copie est la première condition du succès, aussi j'écris lisiblement, et de façon suffisamment aérée… Je dispose rigoureusement les accents et la ponctuation.
- Je relis avec soin. Je corrige s'il le faut, en essayant de ne pas multiplier les ratures trop laides. Je pense à emporter un flacon de blanc correcteur et des bandes de correction blanches autocollantes.

Entraînements supplémentaires

Dissertation

Définir des mots-clés...

La violence ; la démocratie ; la banlieue ; la crise…

Mettre en relation deux mots-clés...

Choisissez-en deux, puis rédigez un paragraphe. Ensuite, relisez-vous : qu'avez-vous découvert ?

Poser un problème par le contact de deux mots-clés

Violence et démocratie ; la crise des banlieues.
Au fait, avez-vous pensé à situer le problème ?
Souvent, on oublie ; et on fait des dissertations dans l'absolu, ce qui est source d'erreurs.

Pour une écriture variée...

- Écrivez tous les jours : blog, cahier, fichiers, copies…
- Écrivez à des gens différents, vous apprendrez à ne pas dire toujours pareil et avec les mêmes mots.
- Utilisez tous les outils existants : dictionnaires, grammaires, répétition décalée et copies de passages qui vous plaisent, etc.

- Osez vous tromper, ne pas savoir dire, chercher à dire.
- Employez les comparaisons et métaphores avec des domaines variés.
- Parlez de vous, encore de vous…
- Et interrogez-vous sur les autres.
- Réapprenez à commenter (une photo, une situation, un dialogue…) en écoutant tous vos sens.
- Cherchez des images pour illustrer vos textes… cela vous aidera à les préciser et à aller plus loin.
- Lisez, fréquentez les sites d'écriture, participez.

Lecture active

Lisez, lisez encore et toujours en gardant en tête que :

- Un texte est la parole de quelqu'un.
- Il a une intention et un but.
- Il a aussi un contexte (temps, espace…).
- Et un lecteur : vous, avec vos idées sur le thème.
- Ce lecteur doit se placer à distance du texte (distance physique et psychique) et ne pas se laisser « embarquer ».
- Il doit reformuler : « Ce texte me dit que… »
- Il doit dialoguer avec le texte : « …Et moi, je pense plutôt que… »
- Le lecteur doit aussi relier le début du texte et sa conclusion.
- Il doit rattacher ce texte à son support (tel journal, telle collection…)…
- Ainsi qu'à son genre et à sa discipline de référence.

J-100

Mettons que nous sommes à J-100, soit un bon trimestre avant la date de votre concours. De quoi faire évoluer votre vie. Vous avez fait des choix, vous êtes un peu plus au clair sur vos motivations : ce que vous voulez, les sacrifices ou concessions que vous acceptez – ou pas ; et maintenant, il faut y aller.

Vous avez ciblé telle et telle école, tels examens, tel et tel concours ; vous avez repéré les épreuves à passer, en distinguant :

- celles où ça peut aller pour vous ;
- celles où il faut faire un sérieux effort.

Et tout de suite, précisons que, quel que soit votre niveau, votre motivation, votre énergie, vous devrez veiller à vous conformer aux règles des épreuves et à vous préparer en conséquence.

Les règles : un bon cadrage à connaître

Dans un examen ou un concours, comme dans toute situation, il y a des règles à connaître : ce sont *des indications* sur comment il faut se comporter, ce qu'il faut faire et comment le faire. Si vous arriverez dans une *rave-party* avec une tarte préparée par votre mamie et un petit blazer de bon ton, sans doute serez-vous carrément décalé, et il vous faudra beaucoup d'humour et une pêche d'enfer pour vous en sortir. Et encore : ce n'est pas une sélection comparable à celle d'un concours !

Alors, quelles sont les grandes règles ?

- Votre langage, écrit et oral, est *soigné* ; pour donner un exemple, le paragraphe ci-dessus est la limite à ne pas dépasser ; vous aurez donc un langage riche et varié (non, tout n'est pas « super » ou « nul »), vous énoncerez des phrases bien construites et bien articulées entre elles. Vous ne parlez pas à un copain, vous n'êtes pas sur un forum.

• Ne négligez pas la connaissance des épreuves : les annales de concours, les amis ou proches (ou moins proches) qui ont passé les mêmes épreuves sont pour vous des mines de renseignements.

• Votre façon d'être et de vous comporter (autrement dit, votre « position énonciative ») est celle d'un candidat, c'est-à-dire de quelqu'un qui frappe à la porte pour entrer ; vous devez donc montrer que…

– vous êtes motivé,

– vous savez où vous aspirez à entrer,

– vous savez quelle est la philosophie et quelles sont les valeurs (= la manière de voir les choses, de penser) de cet endroit,

– vous savez pourquoi vous voulez entrer (vos objectifs),

– vous agissez avec respect : respect du temps imparti, respect des sujets posés, respect des personnes en face de vous (ou à distance) qui évalueront.

Test : le temps est-il mon allié ?

Voici deux questions essentielles ; répondez-y au fil des propositions.

Suis-je capable d'évaluer mon travail ?

– de faire le diagnostic de l'organisation de ma préparation,

– de comparer les temps passés et les temps estimés,

– d'analyser les causes de pertes de temps,

– d'analyser mes résultats par rapport aux objectifs.

Suis-je capable de bien réagir, m'adapter, progresser ?

– de proposer de nouvelles méthodes,

– une nouvelle organisation de mon activité,

– d'intégrer le recours à de nouvelles techniques, de nouveaux matériels, de nouveaux ouvrages,

– de gagner du temps (ou d'effectuer les rattrapages nécessaires).

> Obtenir une réponse positive à ces questions doit être l'un de vos objectifs prioritaires. Savoir utiliser son temps, le gérer, ne pas le perdre est la donnée de base de toute préparation efficace et réussie.

J-90

S'organiser

Que dois-je faire dans les trois mois précédant le concours ?

Il me faut préciser mon programme de révisions, limiter mes activités diverses, et veiller à être en forme, à la fois physique, morale et intellectuelle. Pour cela, aidez-vous des tableaux pages suivantes.

Mon programme de révisions

Préparer un programme précis pour chaque matière. Ce programme général doit tenir compte de l'ensemble des matières.

Il doit être mis à jour chaque mois, en adaptant si besoin.
Attention à ne pas reporter trop de choses sur le dernier mois…

Mes activités diverses

Les activités annexes doivent être limitées au strict minimum pour se consacrer à la préparation.

Pour y parvenir, liquider le plus rapidement possible ce qui est indispensable, et éviter ou reporter ce qui ne l'est pas.

Se consacrer à l'essentiel implique d'économiser son temps et d'économiser ses forces.

Mon programme de mise en forme (physique, morale et intellectuelle)

- Mise en forme physique :
  - régime alimentaire, précautions à prendre,
  - programme d'activités,
  - minimum quotidien à définir.
- Mise en forme morale :
  - relations avec les enseignants et formateurs,
  - relations avec parents et amis,
  - livres ou distractions qui vont me remonter le moral,
  - précautions à prendre, choses à éviter.
- Mise en forme intellectuelle :
  - entraînement dans les conditions de l'examen ou du concours,
  - exercices de mémoire et auto-interrogations (vous jouez les deux rôles : candidat/correcteur ou jury),
  - exercices de rédaction,
  - préparation de plans détaillés sur un sujet.

	Analyse de la situation	Améliorations possibles
Qui ?		
Acteurs et partenaires		
Destinataires		
Quoi ?		
Actions envisagées		
Opérations à effectuer		
Où ?		
Lieu de l'action		
Quand ?		
Moment de l'action		
Programme, échéances…		

	Analyse de la situation	Améliorations possibles
Comment ?		
Méthodes à employer		
Moyens d'action		
Pourquoi ?		
Les finalités générales		
Et les objectifs particuliers		

NB : À chaque phase, vous devez aussi vous demander :

- Pourquoi ? (contrôle des objectifs) ;
- Et après ? (suites à donner).

J-30

S'organiser

Que dois-je faire dans le mois précédant le concours ?

Il me faut préciser mon programme de révisions, limiter mes activités diverses, et veiller à être en forme, à la fois physique, morale et intellectuelle.

Mon programme de révisions

Préparer un programme précis pour chaque matière. Ce programme général doit tenir compte de l'ensemble des matières.

Il doit être mis à jour chaque semaine, en adaptant si besoin.

S'organiser

La toute dernière semaine

Attention à ne pas programmer trop de choses sur la dernière semaine. Consacrée aux ultimes révisions, à l'actualisation et à la « mise en forme », elle sera bien remplie et beaucoup trop courte…

Mes activités diverses

Les activités annexes doivent être limitées au strict minimum pour se consacrer à la préparation.

Pour y parvenir, liquider le plus rapidement possible ce qui est indispensable, et éviter ou reporter ce qui ne l'est pas.

Se consacrer à l'essentiel implique d'économiser son temps et d'économiser ses forces.

Me concentrer et résister aux tentations

Comme par hasard, c'est justement quand approche votre (ou vos) concours que les copains vous font miroiter des billets d'avion à prix fracassé, des fêtes, une occasion unique de stage ou de rencontre avec une de vos idoles.

D'abord, dites-vous que c'est normal : tout le monde est un peu jaloux (sans se l'avouer, évidemment) de votre superbe concentration et de vos objectifs gagnants.

Cela dit, comment résister ? Et répondre aux tentations et tentateurs ? Voici quelques idées de réponses, vous en trouverez d'autres :

- « Attendez encore, les billets vont encore baisser, je le sais… »
- « Alors quoi, pas encore amoureux ? Mais qu'est-ce que vous faites de votre vie à part consommer ? ! »
- « Non, non, désolé(e), j'ai un autre plan d'enfer, mais c'est top secret. Rendez-vous le… (soir du concours ou de l'examen). »
- « Ah oui ? pas mal… Mais tu vois, j'ai une compétition, ce sera donc une autre fois. »

Mon programme de mise en forme (physique, morale et intellectuelle)

- Mise en forme physique :
  - régime alimentaire, précautions à prendre,
  - programme d'activités,
  - minimum quotidien à définir.
- Mise en forme morale :
  - relations avec les enseignants et formateurs,

- relations avec parents et amis,
- livres ou distractions qui vont me remonter le moral,
- précautions à prendre, choses à éviter.

- Mise en forme intellectuelle :
  - étude de dossiers,
  - exercices de rédaction,
  - exercices de mémorisation,
  - autoquestionnements (s'entraîner à éviter les questions pièges).
- Au fur et à mesure que les épreuves approchent, effectuer de plus en plus d'exercices dans les conditions du concours, notamment :
  - préparation de plans détaillés (rapide pour l'écrit, et très rapide pour l'oral),
  - entraînements enregistrés en vue des épreuves orales.

Test : mon urgence du côté des savoirs

Quelle discipline est ma bête noire ?

Nommez-la, écrivez son nom : ....
Ainsi, vous en serez moins obsédé.

Test : mon urgence du côté de ma personnalité...

Repérez-la... se situe-t-elle plutôt du côté de :

- ☐ l'émotivité,
- ☐ la confiance en soi (trop ou trop peu),
- ☐ la maladresse,
- ☐ l'expression.

Nommez-la, écrivez son nom : ....
pour mieux la surmonter !

De J-10 au jour J

Programme quotidien

- Révisions : établir un programme quotidien (et le respecter !).
  - quelles matières (se donner une vue d'ensemble et des repères),
  - quels exercices.
- Sommeil et pauses en quantité suffisante.
- Exercices physiques.
- Exercices intellectuels.
- Tâches variées (à limiter et à programmer chaque jour, en fonction du programme initial).

J-8

Le programme doit être identique, mais mettre l'accent sur les dernières vérifications (dans les savoirs, les savoir-faire, les savoir être).

J-2

Il n'est plus temps d'essayer d'apprendre encore, mais de :
- stabiliser et équilibrer ses acquis ;
- vous mettre en forme pour être performant et concentré :
  - pas d'alcool ni d'autres drogues,
  - une alimentation saine,

– de l'exercice physique,

– un mental bien remonté.

Faites-vous un mémo personnel :

- ce que je dois éviter absolument ;
- sur qui je peux compter pour me donner un « coup de main » (pour garder le moral, pour mieux s'organiser, etc.) en cas de besoin ;
- l'essentiel dans chaque domaine (cela dépend de vous).

Par exemple :

– en histoire, la chronologie,

– dans d'autres domaines : les chiffres essentiels et les ordres de grandeur,

– la méthodologie de telle ou telle épreuve.

Le jour J

Pour réussir, plusieurs impératifs s'imposent à vous :

Impératifs d'ordre matériel

- Être à l'heure aux épreuves, donc…
  - ne pas se coucher trop tard la veille,
  - préparer toutes vos affaires avant de vous coucher, l'esprit tranquille,
  - ne pas vous lever trop tard,
  - bien choisir votre mode de transport vers le lieu des épreuves.
- Être en forme, donc…
  - ne pas partir le ventre vide, mais après un vrai petit déjeuner (café ou thé, céréales, fruit),
  - ne pas se lancer dans des activités physiques le matin même, une petite marche de détente suffit,
  - penser à emporter dans ses affaires une bouteille d'eau ou de thé ainsi qu'un fruit ou une barre de céréales pour éviter le « petit creux » de onze heures du matin.

Impératifs d'ordre stratégique

- Être à même de mobiliser tous ses moyens intellectuels, donc…
  - avant d'entrer dans la salle des épreuves, penser à faire quelques respirations profondes pour pouvoir ensuite gérer le stress en continu,

- faire ensuite des pauses-respirations (elles n'empêchent pas de réfléchir !) une fois par heure, pour ne pas se laisser embarquer par l'énervement ou la panique.
- Être à même de mobiliser toutes ses connaissances, donc…
  - ne pas relire encore ses fiches au dernier moment, car on risque alors d'avoir la tête vide,
  - faire quelques « échauffements » en vérifiant par exemple si, à un mot-clé ou une date du programme étudié, vous pouvez associer d'autres éléments,
  - si ce n'est pas le cas (vous êtes tendu), il faut garder son calme, vérifier ou demander la réponse à un proche… et respirer profondément une dizaine de fois pour bien irriguer votre cœur et votre cerveau.

Réussir

Dites-vous chaque matin, surtout le jour J :

« Aujourd'hui, je vais avoir la pêche ! »

Index commenté

Forme : ce qui permet les performances.
   pp. 141, 166

Hygiène de vie : une évidence à assurer.
   pp. 141, 170, 173

Intelligences : au pluriel, car il s'agit ici de l'intellect, mais aussi des capacités de décision, de relation, d'empathie, de distance…
   pp. 137, 143, 145, 151

Intérêt (centres d'intérêt) : goûts.
   pp. 3, 11, 44, 52, 54

Lecture.
   p. 73

Mémoire : essentielle !
   pp. 59, 77

Méthode : la méthode, c'est l'itinéraire, la démarche – tous ces mots sont de sens voisin, selon que l'étymologie est grecque ou latine. La meilleure méthode est celle que vous avez faite vôtre.
   pp. 27, 37, 41

Moral : avoir le moral, c'est pouvoir aller loin, ne pas se laisser décourager.
   pp. 17, 35, 152

Motivation : ce qui vous pousse à agir, ce que vous pouvez développer.
   pp. 2, 11, 25, 31, 53

Oral : c'est vous, ce qui passe par votre bouche (cf. l'étymologie du mot), mais aussi par vos regards, vos gestes…
   pp. 19, 85, 127, 133

Organisation : votre atout supplémentaire.
   pp. 3, 12, 33, 100, 124, 169, 174

Performances : la forme et les réalisations.
   pp. 8, 104, 107, 145, 147, 153

Personnalité : ce qui est vous, et que vous devez valoriser sans écraser celle d'autrui.
   pp. 17, 38, 53, 65, 88, 151

Potentiel : voir intelligences (au pluriel).
   pp. 8, 57, 93, 103